Joseph de Maistre

Die Freimaurerei

DIE BIBLIOTHEK VON R***

Joseph de Maistre
Die Freimaurerei

*

Mit einem Nachwort von
Albéric Caron de Viat

*

Deutsch von Cornelia Langendorf

Wien

MCMLXXXVIII

JOSEPH DE MAISTRE

Die Freimaurerei

Denkschrift an den Herzog
Ferdinand von Braunschweig-Lüneburg
1782

Karolinger Verlag

Erste deutsche Ausgabe
Die Übersetzung beruht auf der
von Emile Dermenghem besorgten Edition
*La Franc-Maçonnerie. Memoire inédit
au Duc de Brunswick* (1782), Paris 1925

Titelaufnahme der Deutschen Bibliothek

Maistre, Joseph de:
Die Freimaurerei : Denkschr. an d. Herzog Ferdinand von
Braunschweig-Lüneburg 1782 / Joseph de Maistre. Mit e.
Nachw. von Albéric Caron de Viat. Dt. von Cornelia Langendorf. —
1. dt. Ausg. — Wien : Karolinger-Verl., 1988
(Die Bibliothek von R...)
ISBN 3-85418-036-5

2. unveränderte Aufl. 1995

Gesamtherstellung
M. Theiss, Wolfsberg in Kärnten

Inhalt

Celsissimo Principi
Ferdinando de Brunswick,
in Ordine
Dilectissimo Fratri a Victoria,
Viro
Qui tanti mensuram nominis implens,
Pacis artibus et Belli juxta insignis,
Europam quam terruit armis,
virtutibus illustrat,
hoc de reformanda Liberorum-Latomorum Societate
Tentamen,
summi obsequii leve monumentum
D. D. D.
Fratris titulo superbus,
addictissimus servus,
Comes Josephus-Maria M..., in ordine Frater
J. M. a Floribus.
Camberii
Anno R. S. M.D.CC.LXXXII

Seiner Durchlaucht, dem Herzog Ferdinand von Braunschweig, dem lieben Bruder a Victoria im Orden, dem Manne, der eines so großen Namens würdig, bedeutend in der Kunst des Friedens wie des Krieges, durch seine Tugenden Europa ziert, das seine Waffen erzittern machten, widmet Graf Joseph-Marie de M..., Bruder J. M. a Floribus, sein untertänigster Diener und stolz auf die Bezeichnung Bruder, diesen Entwurf zu einer Reform des Freimaurerbundes als Zeichen seiner tiefen Verehrung.

Chambéry, 1782

Disciteque o miseri! et rerum cognoscite causas!
Quid sumus? Et quidnamvicturi gignimur?...
Ordo quis datus?... humana qua parte locatus es in re?[1]
Persius, Satiren

SEINER DURCHLAUCHT, DEM HOCHFÜRSTLICHEN HERZOG VON BRAUNSCHWEIG

Durchlauchtigster Herzog,
Gnädigster Herr,

Wenn je ein Vorhaben gefaßt wurde, das der Menschheit zum Wohle und seinem Urheber zur Ehre gereichen dürfte, sollte der Erfolg auch nicht allen Erwartungen entsprechen, so ist es dasjenige, von dem uns Ew. Durchlaucht in Ihrem Rundschreiben vom 14. September 1780 in Kenntnis setzen.

Ordnung und Weisheit in die maurerische Anarchie zu tragen, die zerstreuten Mitglieder einer Gesellschaft zu sammeln, welche sich Brüder nennen, aber einander nicht kennen; durch Eigennutz, nationale Mißgunst, politische, religiöse und philosophische Anschauungen geschiedene Menschen aufzurufen, sich zu einigen, zu verständigen und im Namen des Himmels und der Menschheit einen ewigen Bund zu schließen, ist ein geheiligtes und herrliches Unterfangen, das einem Ferdinand von Braunschweig alle Ehre macht.

Ew. Durchlaucht sind zu sehr des Lobes würdig, um an ihm Gefallen zu finden. Gestatten Sie uns nichtsdestoweniger, den Gefühlen der Bewunderung und Dankbarkeit, mit denen uns die Lektüre Ihres Zirkulars erfüllte, einen

1 „Lernet, ihr Unglückseligen! Und erkennet die Ursachen der Dinge! Wer sind wir? Und wozu kommen wir zur Welt?... Welche Ordnung ward gegeben?... Und wo ist dein Platz in der Menschheit?“

bescheidenen Ausdruck zu ver!eihen. Ein so bemerkenswertes Vorhaben konnte nur von Ew. Durchlaucht entwickelt werden, und nur Ihrem Genie wird es zu verdanken sein, wenn es verwirklicht wird.

Mögen uns Ew. Durchlaucht gnädigst gestatten, daß wir Sie im Namen aller Freimaurer, die diesen Namen verdienen, ersuchen, den gebieterischen Einfluß, den Sie unfehlbar auf die geplante Versammlung ausüben werden, zum Wohle der Menschheit zu nutzen. Sollte denn die Vorsehung vergeblich Macht, Weisheit und Erkenntnis auf einem Haupte vereinigt haben? Nein, Durchlauchtigster Herzog, davon sind wir überzeugt. Bedienen Sie sich Ihrer Autorität. Vereinen Sie alle, die guten Willens sind, bringen Sie alle Vorurteile zum Schweigen. Und sollten unvorhergesehene Widerstände auftauchen, wer, Ew. Durchlaucht, wüßte ihnen besser zu begegnen als Sie? Überwinden Sie, vom Eifer so vieler ehrwürdiger Brüder unterstützt, die Leidenschaften, die Vorurteile, die nationale oder individuelle Eigensucht, so sie es wagen sollte, ihr Haupt zu erheben, errichten Sie jenes Denkmal, das Ew. Durchlaucht den Segen aller Zeiten einbringen wird.

Die Provinzialgroßloge von Chambéry hatte bereits die Ehre, verschiedene Fragen zu beantworten, zu denen Ew. Durchlaucht die Meinung aller Brüder kennenlernen wollten. Unmöglich kann jedoch diese Antwort, das 6erk der Vielheit, die Gedanken einzelner Brüder wiedergeben, die glücklicher sind als andere und zur Betrachtung höherer Wahrheiten anregen mögen, sich aber in einem auf den Ansichten des gesamten Kapitels beruhenden Schreiben nicht angemessen äußern konnten.

Da Ew. Durchlaucht jedoch bestrebt waren, nicht nur die Meinungen der Logen, sondern auch die verschiedener einzelner in Erfahrung zu bringen, mögen Sie mir gnädigst gestatten, diese kleine Schrift zu unterbreiten. Ew.

Durchlaucht empfange sie als Ausdruck der Hochachtung für den Herzog von Braunschweig, der Liebe für den Bruder *a Victoria* und der Bemühung um den ganzen Orden.

Was waren wir? Was sind wir? Haben wir Obere? Sollen wir weiterbestehen? In welcher Form sollen wir weiterbestehen? So etwa lauteten die Fragen, die Ew. Durchlaucht den Brüdern zur Prüfung vorlegten.

I

Es gibt wohl keinen vernunftbegabten Freimaurer, der sich nicht eine Stunde nach seiner Einweihung gefragt hätte: „Was ist der Ursprung all dessen, was ich sehe? Woher kommen diese sonderbaren Zeremonien, dieser Prunk, diese erhabenen Worte usw.?" Hat er dann aber eine Zeitlang dem Orden angehört, stellen sich andere Fragen: „Was ist der Ursprung dieser Mysterien, hinter denen sich nichts verbirgt, dieser Formen, die nichts bedeuten? Wie! Sollten sich Männer aller Länder nur zusammenfinden (vielleicht schon seit mehreren Jahrhunderten), um sich in zwei Reihen aufzustellen, zu schwören, ein nicht existierendes Geheimnis nie zu verraten, die rechte Hand an die linke Schulter und von da an die rechte zu führen und sich zu Tisch zu setzen? Kann man denn nicht sich Phantastereien hingeben, übermäßig essen und trinken, ohne von Hiram zu sprechen, vom Salomonischen Tempel oder vom Flammenden Stern?"

Diese Fragen sind durchaus natürlich, durchaus berechtigt. Leider läßt sich nicht sagen, daß die Geschichte oder wenigstens die mündliche Überlieferung eine Antwort gegeben hätten. Unsere Ursprünge liegen nach wie vor im tiefsten Dunkel, und alle Bemühungen wohlmeinender Brüder, so interessante Umstände aufzuklären, sind bis heute so gut wie vergeblich geblieben. Seit einigen Jahren wird der Versuch unternommen, uns hinter der äußeren Form maurerischer Allegorien die Geschicke des Templerordens zu zeigen. In diesem Zusammenhang sollte an einen Grundsatz erinnert werden, der für Symbole und Allegorien als unanfechtbar gelten muß, nämlich, daß *ein Symbol, das mehrere Inhalte ausdrückt, gar nichts ausdrückt.* Es ließe sich unendlich viel über den Charakter wahrer Allegorien sagen und über die maßlose Unvernunft, zu der sich im übrigen höchst ehrenwerte Schriftsteller durch die Leidenschaft hinreißen ließen, Mysterien zu suchen und zu erklären. Doch wir müssen uns beschränken und werden uns mit einer einzigen Feststellung begnügen. Die Hiramsymbolik stammt aus der Zeit vor oder nach dem Untergang des Templerordens. In ersterem Fall ist sie eine im Hinblick auf die Tempelherren unbegründete oder zumindest willkürliche und zurechtgebogene Allegorie, und die wirkliche Erklärung Hirams muß früher gesucht werden. In letzterem ist noch nicht erwiesen, daß unsere Rituale tatsächlich geschaffen wurden, um diese denkwürdige Begebenheit zu versinnbildlichen und die Erinnerung daran auf ewig wachzuhalten, es sei denn, wir verfielen in den landläufigen Sophismus: *Post hoc, ergo propter hoc.* Und wenn unsere Zeremonien wirklich nur die allegorische Darstellung der Vernichtung des Templerordens wären, müßten wir bedauern, Maurer geworden zu sein, denn dann hätten wir unsere Zeit und unsere Fähigkeiten sehr wenig weise verwandt. Was bedeutet dem Universum schon das Mißgeschick Casals? Und überhaupt, was bedeutet dem Universum der Untergang der Tempelherren? Der Fanatismus hat sie hervorgebracht, der Geiz wurde ihnen zum Verhängnis: das ist alles. Was die Grausamkeiten betrifft, die mit diesem Gewaltakt einhergingen, ist dies eine beklagenswerte Episode der Geschichte wie fast alle anderen auch. Wir können dabei nicht ausschließen, daß tatsächliche Verbrechen von Seiten der Templer der Habsucht Philipps des Schönen glaubwürdige Vorwände lieferten. Wie dem auch sei, wenn man Gesellschaften gründen müßte, um regelmäßig die großen Katastrophen der Weltgeschichte und die berüchtigten Verbrechen schuldhafter oder verblendeter Herrscher zu betrauern, so würde die Bevölkerung der ganzen Erde nicht dazu hinreichen.

Es ist also offenbar nicht gerade schmeichelhaft, den

Ursprung der Freimaurerei im Templerorden anzusiedeln. Aber alles läßt darauf schließen, daß unsere Mysterien von etwas Großem und wirklich Menschenwürdigem herrühren. Wenn man von der Vielzahl falscher und sogar gefährlicher Grade absieht, die Betrügerei oder Laune erfanden, wer wäre nicht beeindruckt von der Einmütigkeit aller Maurer, was die drei ersten Grade angeht? Eigenmächtigkeit und Unordnung, die sich leider in die meisten Riten eingeschlichen haben, konnten diesen Grundmerkmalen nie etwas anhaben, und trotz aller vergangener Zeit, aller Entfernungen und der Verschiedenheit der Sprachen sind sie stets, mit wenigen, unerheblichen Abweichungen, dieselben geblieben.

Noch einmal, man versammelt sich nicht — oder hat sich zumindest nicht immer versammelt —, um einige Formeln zu wiederholen, die augenscheinlich lächerlich sind, wenn sie keine Absicht verfolgen. Gewiß hat der Orden nicht so begonnen, wie wir ihn heute sehen. Alles läßt darauf schließen, daß die gewöhnliche Freimaurerei ein losgelöster und vielleicht entarteter Zweig von einem alten und ehrwürdigen Stamm ist. Trotz der Erwartungen, mit denen sich die meisten Brüder in dieser Hinsicht schmeicheln, halten wir uns für verpflichtet, Ew. Durchlaucht einen Auszug aus einem kürzlich veröffentlichten englischen Buche vorzulegen, der diesen Erwartungen bis zu einem gewissen Grade zu widersprechen scheint.[1]

Der Autor des unten zitierten Buches (von dem nur fünf oder sechs Auszüge in den Zeitungen zu lesen waren) behandelt den Zustand der Künste in England im 13. und 14. Jahrhundert. Über die Architektur schreibt er folgendes:

„Der große Reichtum der Geistlickeit und der Eifer der Laien stellten genügend Mittel zum Bau von so vielen

---

1 Rob. Henri, *History of Great Britain,* Bd. IV, London 1781.

Kirchen und Klöstern bereit, daß es schwerfiel, die nötigen Arbeitskräfte zu finden. Die auf die Förderung solcher Stiftungen bedachten Päpste gewährten den Maurerzünften Ablässe, um deren Zahl zu vergrößern, was vollen Erfolg hatte, namentlich in England... Italiener, griechische Flüchtlinge, Franzosen, Deutsche, Flamen vereinigten sich und bildeten einen Baumeisterbund. Sie besorgten sich Bullen aus Rom und besondere Privilegien und nannten sich Frei-Maurer. Sie zogen von einem Land ins andere, wenn es dort Kirchen zu bauen gab, und man baute damals, wie gesagt, gewaltig viele. Die Maurer befolgten feststehende Regeln. Sie errichteten eine Bauhütte in der Nähe des geplanten Bauwerks; ein Vorsteher oder Aufseher hatte die Oberleitung, jede Zehntschaft einen Oberen, der die neun anderen anleitete. Aus Wohltätigkeit oder als Werk der Buße stellten die *gentlemen* der Umgebung die Baustoffe und Fuhrwerke zur Verfügung. Wer ihre vor fast vierhundert Jahren gelegten Bauabrechnungen für unsere Kathedralen gesehen hat, kann nur erstaunt sein über die Sparsamkeit und Schnelligkeit, mit der sie die größten Bauten errichteten."

Es ist bemerkenswert, daß diese Maßnahmen zeitlich mit der Vernichtung des Templerordens zusammenfallen. Die beim Generalkonvent versammelten Brüder aller Nationen mögen den vom englischen Autor gewiesenen Weg verfolgen und zu diesem Punkt Forschungen anstellen, die dem Verfasser dieser Denkschrift aus Mangel an Bibliotheken und insbesondere an ausländischen Büchern verwehrt sind.

Nachdem jedoch die Kenntnis unseres wirklichen Ursprungs für uns nur eine Angelegenheit reiner Neugier wäre, wenn sie uns nicht neue Pflichten und bedeutende Wahrheiten enthüllte, und selbst wenn unsere Erwartungen enttäuscht würden, selbst wenn wir über unseren Ursprung lachen müßten (wir wollen den schlimmsten Fall annehmen), sollten wir uns deshalb weder entmutigen lassen noch das Band zerschneiden, das uns eint. Könnte man denn ohne Vorgänger nicht nützlich und tugendhaft sein? Wir alle sind vereint im Namen der Religion und der Menschenliebe. Wir können die Redlichkeit unserer Absichten verbürgen. Nehmen wir den Bau also kühn bei seinen Grundlagen in Angriff, und erschaffen wir, statt zu renovieren!

II

Hier müssen wir auf eine der Fragen Ew. Durchlaucht eingehen. — Haben wir Obere? — Nein, wir haben keine, und der Beweis dafür ist kurz, aber entscheidend: wir kennen keine. Wir sind frei in den Orden eingetreten und haben darin keine anderen Bindungen als die freiwillig von uns anerkannten. Was ein jeder bei seiner Aufnahme versprochen hat, muß er halten, und darauf beschränken sich unsere Verpflichtungen. Wie könnten wir unbekannten Oberen gegenüber irgendeine stillschweigende Verpflichtung eingegangen sein? Falls sie sich uns nämlich zu erkennen gäben, würden sie uns vielleicht mißfallen, und wir würden uns zurückziehen.

Im übrigen sprechen wir hier im Namen aller, die sich Maurer nennen, denn wenn es nur um die Brüder unserer Obedienz geht, erkennen wir allerdings einen Oberen an: denjenigen, den wir gerne an der Spitze des gesamten Ordens sähen und für den wir bei allen Maurern der Erde dieselben Gefühle zu wecken wünschten, wie wir sie ihm entgegenbringen.

Da wir keinen Generaloberen haben, brauchen wir also nur mit uns selbst zu Rate zu gehen, um das geplante neue Gebäude zu errichten und um ihm die Form und die Proportionen zu verleihen, die wir für angemessen halten.

Wenn wir nun unser Vorhaben mit der größten Freiheit entwerfen und ausführen können, sollen wir dann etwas vom Templerorden bestehen lassen? Obwohl bekanntlich einige Brüder glaubten, dies bejahen zu müssen, scheint es dennoch (wenn man sich nicht völligen Illusionen hingibt), daß uns eine Vielzahl von Erwägungen zur gegenteiligen Meinung bewegen muß.

Lassen wir den offenkundigen Nachteil beiseite, uns völlig umsonst in Gefahr zu bringen und argwöhnische

Obrigkeiten ohne jeden Vorteil für uns oder unsresgleichen zu beunruhigen. Diese Überlegung ist schon genügend hervorgehoben worden, beurteilen wir die Dinge daher lieber nach ihnen selbst.

Die Idee von Kriegermönchen konnte nur in den Köpfen des 12. Jahrhunderts keimen. Daß es aber im 18. Jahrhundert einen Bund gäbe, dessen Hauptzweck darin bestünde, des Unglücks einer kriegerischen Bruderschaft zu gedenken, und der sich rühmte, in einer mehr als zweifelhaften Linie von ihr abzustammen, mag etwas eigenartig anmuten.

Sprechen wir nur einmal von den Tempelherren selbst. Wodurch haben sie sich eigentlich um die Menschheit verdient gemacht? Sie beschützten angeblich die Christen, die ihre Frömmigkeit zum Heiligen Grabe führte. All diese Christen hätten jedoch besser daran getan, Gott in ihren Pfarrgemeinden anzubeten.

Ihnen hätte man zurufen müssen:

Est-ne Dei sedes nisi Terra et Pontus et Aer?
Et Caelum et Virtus? Numen quid quaeritis ultra?[1]

Und selbst wenn wir den Templern dieses schwache Verdienst zugestehen, wären wir immer noch gezwungen zuzugeben, daß es nicht lange währte. Sechzig Jahre nach ihrer Gründung treffen wir sie in Frankreich und im übrigen Europa an, und von da an ist ihr Verhalten bekannt. Gott bewahre, daß wir die furchtbaren Beschuldigungen übernehmen wollten, die gegen diese Unglücklichen vorgebracht worden sind: glauben wir nicht an ihre Verbrechen, denn die Geschichte läßt die Zweifel bestehen. Halten wir aber auch fest, daß ein ehrenwerter Mann niemals zu beweisen braucht, daß er kein Ungeheuer sei. Es steht fest, daß der Lebenswandel der Templer ein anstößiger war, und für das allge-

1 „Hat Gott denn einen anderen Sitz als die Erde, das Meer, die Luft? Als den Himmel und die Tugend? Was sucht ihr die Gottheit anderswo?“ *Lucan.*

meine Urteil über sie bedarf es vielleicht keines anderen Zeugnisses als einer Redensart, die sich noch nach vier Jahrhunderten in der französischen Sprache hält.[1]

Wir haben also offensichtlich allen Grund, uns vollständig vom Orden der Tempelherren loszusagen. Alle Veränderungen, die wir vorhaben, unterstreichen nur diese Notwendigkeit. Denn ist es nicht lächerlich, auf die Güter, die Regel, den Namen und sogar die Tracht des Ordens zu verzichten und dennoch hartnäckig Templer sein zu wollen? Deutlich ausgedrückt heißt das, es gleichzeitig zu sein und nicht zu sein vorzugeben. Kurz, wenn die Freimaurerei nichts als das Emblem der Tempelherren darstellt, ist sie nichts, und man muß dann von neuen Voraussetzungen ausgehen. Ist sie aber älter, so ist das ein Grund mehr für wahre Männer, auf leere Formeln zu verzichten und die Worte durch Tatsachen zu ersetzen.

Man wird nun einwenden, es gebe Anlaß zu der Annahme, daß die Templer eingeweiht gewesen seien. In diesem Fall hat man allen Grund, sich zu wundern, daß sie aus so erhabenen Kenntnissen so wenig Vorteil zogen. Es steht im übrigen fest, daß 1° die Einweihung älter ist als die Templer; 2° sie nach ihnen fortbestanden hat; 3° sie zu ihrer Verbreitung unter einigen Erwählten der ausschließlichen Vermittlung ihrer angeblichen Erben nicht bedurfte. Wenn wir daher davon ausgingen, daß die Templer oder möglicherweise manche von ihnen das *Wissen* besessen hätten, wäre das für uns noch kein Grund, uns mit ihrem Orden gleichzusetzen.

Man sollte vielleicht sogar einen Schritt weiter gehen und aus der neuen Gestaltung ausdrücklich alles verbannen, was sich auf die Ritterschaft beziehen könnte. Solche Institutionen sind vortrefflich, man muß sie jedoch auf ihrem Platz

1 Saufen oder fluchen wie ein Templer (A. d. Ü.).

belassen. Der Adel gehört zu jenen Pflanzen, die nur im Freien leben können. Was ist denn ein Ritter, der bei Kerzenlicht in einem Wohnungswinkel dazu geschlagen wird, und dessen Würde sich verflüchtigt, sobald man die Tür öffnet? Allgemein gesprochen würden wir dringend wünschen, alle Worte, die nichts bedeuten, verschwinden zu sehen.

Da man vor dem Bauen den Schutt wegräumen muß, hielten wir es für angemessen zu untersuchen, was wir nicht sein sollen, bevor wir überlegen, was wir sein sollen. Es geht daher jetzt nur noch um die Behandlung dieser letzteren Frage.

III

Bevor wir einige Betrachtungen zu diesem Thema wagen, wollen wir zunächst zwei Thesen aufstellen, die kein etwas gebildeter Maurer bestreiten dürfte.

Die sachkundigsten Brüder unserer Obedienz sind der Meinung, es gebe gute Gründe für die Annahme, die wahre Maurerei sei nichts als das *Wissen um den Menschen* schlechthin, nämlich die Kenntnis seines Ursprungs und seiner Bestimmung. Einige unter ihnen führen weiter aus, daß sich dieses Wissen im wesentlichen nicht von der alten griechischen oder ägyptischen Einweihung unterscheide.

Welcher Erfolg unseren Forschungen über die Herkunft der Freimaurerei auch beschieden sein möge, sind wir nicht weniger entschlossen, uns eingehend mit den Ew. Durchlaucht bekannten erhabenen Wahrheiten zu beschäftigen, sie zu bestimmen und zum Wohle der Menschheit im Orden zu verbreiten.

Es muß daher als gesichert angesehen werden, daß diese Kenntnisse die wesentliche Grundlage des Ordens ausmachen werden. Da wir jedoch diese Grundlagen vervielfältigen wollen, was die Klugheit in der Tat zu erheischen scheint, auf daß man von allen Brüdern gemäß Art und Ausmaß ihrer Fähigkeiten Vorteil gewinne, müssen wir herausfinden, in welcher Weise die verschiedenen Leitgedanken einander unterzuordnen sind, um ein so vollkommenes Ganzes zu bilden, wie es die menschliche Schwäche nur erlaubt.

Was die erste Behauptung angeht, glauben wir, ruhig versichern zu können, daß alle Bemühungen der befähigtsten Brüder zur Feststellung der Übereinstimmung der antiken Einweihungen mit der freimaurerischen keinen Erfolg haben werden und keinen haben können.

Jedermann weiß, daß die einstige Initiation vom dichtesten Schleier verhüllt war, daß sich die Eingeweihten beim heiligsten Eide zum Stillschweigen verpflichteten und die Gesetze, die diese heiligen Einrichtungen schützten, sogar die Todesstrafe gegen den Unbesonnenen verhängten, der es gewagt hätte, die Geheimnisse preiszugeben.

Hätte man diese Gesetze stets streng beobachtet, wäre die Unmöglichkeit erwiesen, den Sinn der alten Mysterien zu ergründen. Wir wollen jedoch sehen, ob dieses Geheimnis nicht das Schicksal so vieler anderer erlitten hat, ob es unmöglich ist, einen Zipfel des Schleiers zu lüften, ob wir der verschwiegenen Antike nicht wenigstens einige vereinzelte Anhaltspunkte entreißen können, die uns auf die Spur bringen.

Plutarch schreibt: „Die ägyptischen Priester sagen nicht nur von diesen Göttern (Isis und Osiris), sondern auch von allen anderen gezeugten und keineswegs unvergänglichen, ihre Körper befänden sich dort, wo sie angebetet und verehrt werden, während ihre zu Sternen gewordenen Seelen am Himmel leuchten.“[1]

Wir brauchen kaum darauf hinzuweisen, daß die griechische Einweihung von der ägyptischen abstammte und dieselben Lehren vermittelte. Diodorus, Herodot, Pausanias, besser gesagt: alle Alten sind sich in diesem Punkt einig. Nun ist die Wahrscheinlichkeit aber sehr groß, daß eine der wesentlichen Wahrheiten der eleusischen Mysterien eben jene war, die die ägyptischen Priester Plutarch zufolge seit dem Altertum lehrten, nämlich, daß die Götter des Volkes Menschen gewesen seien. Es ist dies sogar kaum zu bezweifeln, denn der in Griechenland eingeweihte Cicero läßt einen seiner Gesprächspartner in *De natura deorum* ausrufen: „Wie kann es dir, *der du eingeweiht bist,* verborgen sein, daß die vom Volk verehrten Götter Menschen

1 Plutarch, *De Ise et Osiride.*

waren, daß man noch ihre Grabstätten zeigt, usw."[1] Gewiß konnte es vor zwei- oder dreitausend Jahren nützlich sein, die Nichtigkeit der im Volksglauben verankerten Legenden aufzuzeigen, doch was liegt uns Christen des 18. Jahrhunderts daran? Wir können sogar hinzufügen, daß auch die antiken Philosophen diese Lehren nicht brauchten, was jedem klar ist, der ihre Werke kennt.

So schreibt Cicero ferner: „Die erhabenen und heiligen Mysterien von Eleusis wie die von Samothrake und Lemnos lehren uns eher das Wesen der Dinge als das der Götter."[2]

An anderer Stelle freilich meint er, diese Mysterien „unterweisen nicht nur, ein angenehmes Leben zu führen, sondern auch mit mehr Zuversicht zu sterben."[3]

Isokrates und Epiktet sprechen in der *Histoire du Ciel*[4] die gleiche Sprache. Ersterer sagt: „Die der Mysterien Teilhaftigen sichern sich süße Hoffnungen für den Augenblick ihres Todes und für die gesamte Ewigkeit", letzterer: „All diese Mysterien wurden von den Alten begründet, um das Leben der Menschen zu regeln und die Unordnung daraus zu verbannen."

Erwägt man solche Texte, die leicht zu vervielfachen wären, mit Besonnenheit, so gelangt man zu dem Schluß, daß die griechische Initiation höchstwahrscheinlich die Existenz eines höchsten Prinzips, die Unsterblichkeit der Seele, die Nichtigkeit der Volksgottheiten und verschiedene physische und moralische Wahrheiten lehrte oder betonte.

---

1 Der unten (S 28, Anm. 1) erwähnte englische Autor ist ebenfalls der Auffassung, daß diese Wahrheit das große Geheimnis der Mysterien gewesen sei: „The very secret of the Mysteries, — the great arcanum that their hero-gods were no more than dead men."
(*Critical inquiry*, Seite 269)

2 Cicero, *De natura deorum*, I, 1.

3 Cicero, *De legibus*, I, 2.

4 Des Abbé Pluche. Bd. I, Seite 400.

All das sind große Dinge, wird man sagen. — Für das Altertum waren sie wohl groß, aber für uns sind sie es nicht mehr. Gewöhnlich halten wir der Antike all ihre Bemühungen zugute, sich der Wahrheit anzunähern, und wir tun recht daran, aber wir hätten uns nicht soweit verblenden lassen dürfen, die Überlegenheit zu verkennen, die wir dem Evangelium verdanken.

Wenn wir ein Gefühl der Ehrfurcht empfinden bei der Lektüre der Reden des Hierophanten an die Eingeweihten[1] oder des noch bewundernswerteren Hymnus des Philosophen Kleanthes,[2] so wären wir vielleicht etwas weniger beeindruckt, wollten wir bedenken, daß das eigentliche Verdienst dieser Texte nur darin besteht, die erste Lektion unseres Katechismus in schönen griechischen Versen zum Ausdruck zu bringen.

Cicero sagt Plato zufolge, in einem leider nur teilweise erhaltenen Werk: „Es ist schwierig, zur Erkenntnis dieses Wesens zu gelangen, das gleichsam der Vater von allem ist, und gelangte man dazu, wäre es ein Verbrechen, es zu enthüllen."[3]

Ew. Durchlaucht sehen, mit welch würdevoller Zurückhaltung Cicero auf die erste und, wie wir heute glauben, die einfachste aller Wahrheiten anspielte: die Existenz eines Höchsten Wesens.

Wird man nun einwenden, daß diese großen Männer nicht

---

1 Zitiert bei Eusebius von Cäsarea, *Demonstratio evangelica*, und Clemens von Alexandria, *Admonestatio ad Gentilis.*

2 In Stobäus, *Eclogae physicae et ethicae.*

3 „Atque illud quidem quasi parentem hujus universitatis invenire difficile et cum jam inveneris indicare in vulgus nefas" *(Timoeus seu de universo).* Inter fragmenta Ciceronis. Eine ähnliche Maxime findet sich in den dem antiken Thoth zugeschriebenen Büchern: „Es ist schwierig, Gott zu erkennen, und unmöglich, ihn auszudrücken." Der heilige Justinus erwähnt diesen Satz rühmend in *Exhortatio ad Graecos.*

alles gesagt hätten, daß das Geheimnis streng gewahrt worden sei usw.? Hierauf antworten wir, daß, wenn die Schweigepflicht niemals verletzt wurde, alle Erklärungsversuche in unseren Tagen unnütz sind, wenn sie es aber wurde in den uns überkommenen Werken, uns dann alle Indiskretionen bekannt sind. Machen wir uns keine Illusionen: das Altertum ist keine terra incognita mehr. Nach Fabricius, Le Clerc, Cudworth, Mosheim, Petau, Huet, Brucker, Stanley, Warburthon, Gébelin usw. wüßte ich nicht, wie wir uns noch Hoffnung machen könnten, nicht etwa einige vereinzelte Wahrheiten zu finden, sondern eine ganze Doktrin wie die unsrige. Allgemein kann man dazu die nicht unerhebliche Bemerkung machen, daß wir auffallende Spuren in den Schriften der Alten finden würden, hätten sie über unsere Kenntnisse verfügt. Man kann ohne Indiskretion tausend Dinge sagen, die für *Eingeweihte vollkommen klar* und für *alle übrigen gänzlich unverständlich* sind. Nun finden wir aber in all ihren Werken nicht nur nichts dergleichen, sondern darüber hinaus zahlreiche Stellen, die auf die Unkenntnis unserer Lehre schließen lassen. So fragt sich etwa Cicero in dem erwähnten Fragment: „Welche Ursache konnte denn den Schöpfer des Weltalls bewegen, es ins Leben zu rufen?" Gewiß war es nötig, sich deutlich auszudrücken, zumindest für uns; die Antwort aber ist seltsam: „Probitate videlicet praestabat; probus autem invidet nemini; itaque omnia sui similia generavit: haec nimirum gignendi mundi causa justissima ... "[1] Vergeblich würde man bei den Alten nach Texten suchen, die auf irgendein Wissen um den Verfall des Menschen und eine künftige Wiedergeburt hindeuteten.

1 „Weil er in höchstem Maße gut war; wer gut ist, beneidet in der Tat niemanden, und so erschuf er alle Dinge nach seinem Bilde: dies ist gewiß die wahrscheinlichste Ursache der Schöpfung."

All ihre verschwommenen Ideen waren nämlich nichts als die *mehr oder wenig schwachen Überbleibsel der Urüberlieferung,* die sich bei allen Völkern der Erde finden, und wenn man den Ruf der antiken Philosophen damit begründen will, muß man auch Eingeweihte in Amerika behaupten, nachdem dort Spuren derselben Wahrheiten gefunden worden sind.[1]

Es ist vielleicht nicht überflüssig, noch zu bemerken, daß um die Zeit der Begründung des Christentums das Geheimnis nicht nur kein streng gehütetes mehr war, sondern geradezu ein offenes. Die zitierten Abschnitte würden allein schon zeigen, daß die Eingeweihten sich nicht scheuten, ihre erworbenen Kenntnisse zumindest in allgemeinen Formulierungen darzulegen, und es gibt zahllose Beweise dafür, daß das angebliche Geheimnis ein Gemeinplatz war.[2]

Geht man im übrigen davon aus, daß die Mysterien im besten Fall den ersten und den letzten Satz der christlichen Lehre vorwegnahmen, so ist dies die für das Altertum günstigste Annahme, denn streng genommen müßte man sich fragen, wie es möglich sei, daß die antiken Weisen in so zweideutiger Weise über die Hauptdogmen der Naturreligion sprachen. Wenn man darauf besteht, Memphis, Eleusis, Samothrake usw. als *Sammelbecken* der Wahrheit anzusehen, weshalb schöpften sie dann nicht dort? Warum soviele Unsicherheiten, Widersprüche, ja Absurditäten in den Schriften, die sie über die Existenz Gottes und die Unsterblichkeit der Seele hinterlassen haben? Warum all die Zweifel und Vernunftwidrigkeiten selbst im *Phaidon?* Warum sagt Cicero schließlich, nachdem er drei imaginäre

1 (Saint-Martin), *Tableau Naturel.*

2 Vgl. vor allem Apuläus, Warburthon *(Divine Legislation of Moses)* und Gébelin, *Monde primitif, Histoire du Calendrier.*

Personen die erste dieser Wahrheiten hatte erörtern lassen, die Meinung desjenigen, der die Existenz der Götter und die Vorsehung verteidigte, erscheine ihm *ad veritatis similitudinem propensior*?[1] — Welche Bescheidenheit! Und man möge sich nicht von einigen hochtrabenden Passagen beeindrucken lassen, die in den Gymnasien widerhallen, denn um die Schriften der antiken Philosophen richtig zu beurteilen, darf man folgende Erwägungen nicht aus den Augen verlieren:

1° Findet man bei ihnen auch Texte, die entschieden für Geistigkeit und Unsterblichkeit der Seele zu sprechen scheinen, so widersprechen ihnen andere, ebenso entschiedene, die diametral entgegengesetzt sind. So wird etwa Empedokles, von dem wir Stellen kennen, die ihn neben Clarke rücken müßten, bei Plutarch, Cicero und Macrobius eindeutig des Materialismus bezichtigt, und ein lakonischer Vers von ihm, der keines Kommentars bedarf, besagt in etwa:

Der Geist ist nichts als das Blut, das mein Herz zum Pochen bringt.[2]

2° Es ist eine Konstante bei den antiken Philosophen, sich einer *doppelten Doktrin* zu bedienen: einer für ihresgleichen, der anderen für das Volk, was auch teilweise die Widersprüche in ihren Werken erklären mag.

3° Wenn man bei den Alten auf Stellen trifft, die eindeutig auf ein Weiterleben der Seele nach dem Zerfall des Körpers hinweisen, darf man nicht gleich daraus schließen: „Also glaubte der Verfasser an die Unsterblichkeit der Seele", denn für die meisten Philosophen war diese künftige Existenz nichts als das Verschmelzen der Seele mit dem

1 „sich am meisten der Wahrheit anzunähern."

2 Plutarch, *De Plac. Phil.* I, 5; Cicero, *Tusculanae disputationes, Frage 1, 9;* Macrobius, *Commentariorum in somnium Scipionis libri duo,* 1, 14; Davis, *Ad Cicer. Tusc.*

großen Ganzen, von dem sie nur ein Teilchen darstellte. So hatte sie nach dem Tod einfach kein individuelles Dasein mehr. Ein bekannter Vergleich mag dies verdeutlichen. — Man stelle sich eine Flasche voll Wasser vor, die im Ozean schwimmt; dies ist unsere jetzige Existenz. Zerbricht diese Flasche, haben wir den Tod. — Schreibt nun also ein antiker Philosoph, daß sich beim Tod der Geist mit seinem Ursprung und der Körper mit der Materie, aus der er stammt, vereinige, so weiß man, was diese Formulierungen zu bedeuten haben, die vor allem den Stoikern geläufig waren, deren *Ganzes* mir immer dem Spinozas eng verwandt vorkam.[1]

Zu Recht beschließt also ein englischer Gelehrter ohne Umschweife, daß alle Spitzfindigkeiten der griechischen Philosophen nur darauf hinausgelaufen seien, sie die erste und wichtigste aller Wahrheiten verwerfen zu lassen.[2]

Mais j'entends déjà d'ici
Frémir tout le Zénonisme
D'entendre traiter ainsi
Les grands saints du Paganisme.[3]

Pardon, aber es ist nicht unsere Schuld, wenn der weise Antoninus den Tod definierte als „*die Trennung oder Auflösung der Elemente, aus denen jedes Lebewesen zusammengesetzt ist, mehr nicht*"; wenn Epiktet uns noch nachdrücklicher sagt, „*daß der Tod nicht etwa der Übergang*

1 All diese Bemerkungen, auf die wir nur hinweisen, sind von Bischof Warburthon *(Divin Legislation of Moses)* eingehend entwickelt und dargelegt worden, außerdem von seinem anonymen Verteidiger in *A Critical Inquiry into the Opinions and Practice of the Ancient Philosophers Concerning the Nature of the Soul and Future State and their Method of the Double Doctrine*, London 1748.

2 „It is a very strong proof of the necessity of the Gospel of Jesus."

3 „Jedoch ich höre schon jetzt / sich ereifern den Zenonismus, / weil man so schmählich verletzt / die Heil'gen des Paganismus."

vom Seienden zum Nichtseienden ist, sondern zum gegenwärtig nicht Seienden“ und der Mensch somit nach seinem Tod zu *„etwas anderem, dessen die Welt bedarf*“ werde; oder wenn Seneca nach der Feststellung, die Toten seien glücklich oder gar nichts, einen Schritt weitergeht und geradewegs erklärt, der Tod befördere uns *„in den nämlichen Ruhezustand, in dem wir uns vor unserer Geburt befanden, und es ist so unsinnig, einen Toten zu bemitleiden wie einen Ungeborenen*“.[1]

Nun werden die Verfechter der Antike vielleicht einwenden, man könne das geheime Wissen der Alten nicht nach den Schriften der Philosophen beurteilen, die möglicherweise nie dazu gelangt seien, daß *Gott sich den Hochmütigen verberge* usw. In diesem Fall müßte man annehmen, daß die Schuhflicker Athens und Roms in das erhabenste Wissen eingeweiht sein hätten können, während Sokrates, Plato, Marc-Aurel, Cicero, Epiktet usw. nichts als kleine blaue Maurer[2] gewesen wären, doch da uns diese braven Leute keinerlei Denkmal ihres Glückes hinterlassen haben, müssen wir uns auf ein *Vielleicht* beschränken.

Wir hoffen, daß Ew. Durchlaucht diese kleine, in Eile verfaßte Abschweifung nicht mißbilligen; da sich die Wahrheit aus dem Zusammenstoß der Meinungen ergibt, ist es gestattet, die einiger Brüder zu bekämpfen, die die Freimaurerei unbedingt mit der griechischen oder ägyptischen Einweihung gleichsetzen wollen. Zeigen wir, daß wir keine *neuen Menschen* sind, aber geben wir uns eine klare und unserer würdige Abstammung. *Knüpfen wir also an das Evangelium an, und lassen wir die Torheiten von Memphis.*

Gehen wir zu den ersten Jahrhunderten des heiligen

---

1 In Anknüpfung an diese schönen Grundsätze schrieb Montaigne: „Der Tod kümmert dich nicht im Leben, weil du lebst, nicht im Tod, weil du tot bist.“

2 Die ersten drei Grade der Freimaurerei werden als „blaue Maurerei“ bezeichnet, im Unterschied zu den — umstrittenen — Hochgraden. (A. d. Ü.)

Gesetzes zurück. Durchforschen wir die Frühzeit der Kirche. Befragen wir nacheinander die Kirchenväter. Stellen wir ihre Aussagen zusammen, vergleichen wir sie. *Beweisen wir, daß wir Christen sind.* Gehen wir noch weiter:

Die wahre Religion ist viel älter als achtzehn Jahrhunderte, sie wurde beim Weltenbeginn geboren.

Gehen wir zum Ursprung der Dinge zurück, und zeigen wir durch eine unwiderlegbare Abstammung, daß unsere Lehre *den Urbestand mit den neuen Gaben des Erlösers vereinigt.*

IV

Kommen wir zurück zur Sache. Es steht außer Zweifel, wie bereits erwähnt, daß das große Ziel der Freimaurerei das *Wissen um den Menschen* sein wird. Da wir jedoch in unseren Vorsichtsmaßregeln nicht streng genug sein können, um durch Auswahl und Prüfung der Kandidaten eine Entwertung der Einweihung zu verhindern, ist es erforderlich, unserem Bund untergeordnete Ziele zu stecken, die geeignet sind, Menschen verschiedener Fähigkeiten zu beschäftigen und uns in die Lage versetzen, sie zu beurteilen. Um den größtmöglichen Nutzen aus der Erneuerung des Ordens zu ziehen, muß eine Regelung gefunden werden, nach der die verschiedenen Stufen der Prüfungen und Suspendierungen dem einzelnen, dem gesamten Orden und dem Vaterland zum Vorteil gereichen.

Wir glauben, daß dies zu erreichen sein dürfte, wenn man Politik und Religion Hand in Hand gehen läßt. Und da Ew. Durchlaucht jedem Bruder gestatteten, seine persönlichen Überlegungen vorzutragen, erlauben wir uns die Bemerkung, daß der Orden eine der nützlichsten Einrichtungen für die Menschheit würde, wenn der erste der drei maurerischen Grade die *Wohltätigkeit,* das Studium der Moral sowie der allgemeinen und besonderen *Politik* zum Ziel hätte; der zweite die *Sammlung der christlichen Sekten* und die *Anleitung der Regierungen;* der dritte schließlich die *Offenbarung der Offenbarung* oder das sublime Wissen, das uns beschäftigt. Bevor wir diesen Plan jedoch weiter ausführen, wollen wir auf zwei Fehler der jetzigen Statuten hinweisen, die um so schwerer wiegen, als sie schon beim ersten Schritt begangen werden:

1° Für den ersten Grad, das heißt für die Aufnahme in den Orden, wird nicht verlangt, daß der Kandidat bei seinen Mitbürgern gut beleumundet sei, so daß man Gefahr läuft, den Orden zu beschmutzen. In Chambéry haben wir uns nie an die im neuen Kodex gestattete Nachsicht gehalten, und die Erfahrung zeigte, daß wir gut daran taten. Für den ersten Grad wurde uns ein gewisser Mann vorgeschlagen, der zwar Untertan des Königs, aber aus einer anderen Stadt war. Wir schätzten seine Bürgen, nichts sprach gegen ihn, und wenn es nach dem Kodex gegangen wäre, hätte er ohne weiteres aufgenommen werden können. Unserer unwandelbaren Gewohnheit gemäß jedoch schrieben wir nach seinem Heimatort, wo er nahezu einmütig abgelehnt wurde. Als allgemeine Regel sollten wir nur solche Männer aufnehmen, von deren Lebenswandel wir mit allen uns zur Verfügung stehenden Mitteln Kenntnis erlangt haben. Es ist nur ein sehr schwacher Trost, nach einer schlechten Wahl zu denken, man könne die maurerische Laufbahn dieses Menschen immer noch verzögern oder ihn gar aus dem Orden ausschließen, denn es ist ein großes Unglück, zu Gewaltmaßnahmen gezwungen zu sein; und was die Suspendierungen angeht, so beurteilt uns die mit unserer Hierarchie sehr wenig vertraute Allgemeinheit in unserer Gesamtheit. Es ist im übrigen wohlbekannt, daß in unserem Bund reichlich zweifelhafte Charaktere vorhanden sind, die übel genug sind, um dem Ansehen des Ordens zu schaden, aber nicht genug, um ihren Ausschluß zu rechtfertigen. Es scheint also, daß dieser Artikel des jetzigen Kodex gestrichen werden sollte.

2⁰ Ein weiterer, nicht weniger auffälliger Mißstand besteht im Zusammenhang mit der Religion des Kandidaten. Wenn er niederkniet, um den Eid zu leisten, sagt man ihm: *„Das Buch, das Sie berühren, ist das Johannesevangelium: glauben Sie daran?“* — Welche Unklugheit! Da haben wir einen jungen Mann, der nicht die geringste Vorstellung vom wahren Zweck der Freimaurerei hat, der vielleicht nicht einmal an Gott glaubt (denn was kann man nicht alles vermuten in unserem Jahrhundert?), und plötzlich fragen Sie ihn inmitten von 40 Personen, ob er an das Evangelium glaube! — Wenn man es recht bedenkt, wird man einsehen, daß eine solche Frage unverzeihlicher Leichtsinn ist und die Antwort darauf sehr oft ein Frevel. Es ist gewiß nötig, sich der religiösen Gefühle des Kandidaten zu versichern, aber man muß dabei einen Mittelweg zwischen Unerbittlichkeit und Schlaffheit finden. Es würde also genügen, dem Kandidaten ganz einfach zu erklären, wir hätten es uns zur Regel gemacht, bei der Auswahl der Aufzunehmenden größte Strenge walten zu lassen, und daß wir uns nicht auf Rechtschaffenheit verlassen, die der Grundlage entbehrte. Man fragt ihn dann, ob es ihm widerstrebe, folgendes Glaubensbekenntnis zu unterschreiben:

„Ich erkläre bei meiner Ehre, daß ich fest an die Existenz Gottes glaube, an die Geistigkeit, die Unsterblichkeit der Seele, Lohn und Strafe im künftigen Leben, unbenommen der anderen Wahrheiten meiner Religion, zu denen ich nicht befragt werde."

Mehr bedarf es wohl nicht, wenn der Kandidat nur geraden Sinnes und aufrichtigen Herzens ist. Sollte er unglücklicherweise an einer unserer Lehren zweifeln, heilen wir ihn, anstatt ihn zu verstoßen.

V

Zu den Präliminarien der Aufnahme ist nun genug gesagt; betreten wir die Loge selbst und überlegen wir, bevor wir einen Verfassungsentwurf entwickeln, ob die Zeremonien beibehalten werden sollen. In dieser Hinsicht glauben wir Ew. Durchlaucht versichern zu können, daß es sich um eine der wesentlichsten Fragen handelt. Gewisse Brüder glauben vielleicht, ihre Weltweisheit unter Beweis zu stellen, wenn sie die Zeremonien angreifen; in diesem Fall mangelte sie ihnen aber. Man kann sich nicht vorstellen, wie sehr die Formen und die Feierlichkeit des Rituals selbst die verständigsten Männer beeindrucken, ihnen zu Herzen gehen und dazu beitragen, sie bei der Ordnung zu halten. Wohin man auch sieht, findet man Beweise für diese Wahrheit. Bei den Kalvinisten hat die Armseligkeit des Gottesdienstes der Religion einen tödlichen Stoß versetzt. Die Einführung der militärischen Uniform hat in Europa vielleicht eine Revolution bewirkt, etc. Um aber nur von uns zu sprechen, so werden dreißig oder vierzig schweigend entlang den Wänden eines schwarz oder grün ausgeschlagenen Raumes aufgestellte Personen, die sich auch noch durch eine besondere Bekleidung auszeichnen und nur mit Erlaubnis das Wort ergreifen, jedes gestellte Thema besonnen erörtern. Lassen Sie diese Wandbehänge und diese Bekleidung weg, löschen Sie nur eine von neun Kerzen, erlauben Sie etwa, daß man die Sitze verrückt, und Sie werden dieselben Männer aufeinander losstürzen und sich nicht mehr verstehen sehen oder von Tagesneuigkeiten oder Frauen reden hören. Selbst der vernünftigste unter ihnen wird erst zu Hause auf den Gedanken kommen, daß er nicht besser als die anderen war. Bemühen wir uns also um ein *stets besonnenes und manchmal erhabenes Ritual,* auf daß es mit unserer zukünftigen Institution vollkommen übereinstimme. Sprechen wir darin von unseren besonderen

Pflichten, von der Moral im allgemeinen und vom Höchsten Wesen mit einer gewissen Würde, die sowohl schwächliche Artigkeit als auch den Hochmut der sogenannten *Philosophen* ausschließt. Hüten wir uns vor allem, den *Eid* abzuschaffen, wie dies von manchen vorgeschlagen wurde, aus vielleicht guten, uns aber unverständlichen Gründen.

Jene Theologen, die die Unstatthaftigkeit unseres Eides beweisen wollten, haben sehr unvernünftig argumentiert. Gewiß darf nur die staatliche Obrigkeit bei den verschiedenen Vorkommnissen der Gesellschaft einen Eid vorschreiben oder abnehmen; man kann jedoch einem verständigen Wesen das Recht nicht absprechen, einen aus freiem Willen gefaßten inneren Beschluß durch einen Eid zu bekräftigen. Der Herrscher kann einzig über das Handeln gebieten — mein Arm gehört ihm, mein Wille ist mein! Ich soll wohltätig sein. Schön, ich schwöre, es zu sein, und das ohne Zwang oder Verleitung. Während ich dies verspreche, lege ich die Hand auf ein Buch, das ich für göttlich ansehe, und zeige durch diese äußere Handlung, daß ich Gott zum Zeugen für meine Verpflichtung nehme. — Wenn nun aber der Herrscher die Vereinigung mißbilligt oder untersagt? Dies ist eine andere Frage, deren Lösung dem Gewissen der Brüder überlassen bleiben muß, je nach den Umständen. Man befrage hierzu die Freimaurer von Turin: ihr Verhalten, das so taktvoll war wie das ihres Herrschers, kann als beispielhaft gelten. Nun aber zurück zur Entwicklung des Verfassungsvorhabens.

Eine Vereinigung, deren Mitglieder sich bei ihrem Eintritt verpflichten, alles irdische Gute zu tun, das in ihren Mitteln steht, ist unbestritten eine hochlöbliche Einrichtung, unabhängig von allen anderen Erwägungen. Um jedoch dieses erste Ziel zu vervollkommnen, das den sichtbaren Zweck des gesamten Ordens darstellen soll, ist es nötig, 1° die Bande der Brüderlichkeit weiter und enger zu schlingen; 2° die Wohltätigkeit wirksamer zu gestalten; 3° die Brüder zum Studium der Moral und der Politik anzuhalten.

Seit langem schon beklagt man sich, daß die Einigkeit der Brüder nur auf dem Papier bestehe, und obgleich die Reform bestrebt war, diesem Mißstand abzuhelfen, ist in dieser Hinsicht noch lange nicht alles getan. Wir empfehlen diesen wesentlichen Punkt nachdrücklich den Bemühungen und der Einsicht der beim Konvent versammelten Brüder, damit der neue Kodex strenge Gesetze enthalte, kraft derer die Pflichten der Brüder untereinander nicht mehr eine Frage der Schicklichkeit, sondern der Schuldigkeit sind. Vor allem sollte ein besonderes Gesetz vorschreiben, daß jeder unglückliche oder leidende Maurer ein formales *Recht* auf die Macht, die Fähigkeiten und die Liebe aller Brüder habe, daß ihn die Loge allen Mitgliedern des Bundes empfehle, die ihm behilflich sein können, daß ihn der Priester tröste, der Beamte schütze, der Anwalt verteidige, der Arzt ihm Linderung verschaffe usw. Diesen soll dann dem Ausmaß ihres Eifers und ihrer Fürsorge entsprechend der Dank der gesamten Loge ausgesprochen werden, in so schmeichelhafter Weise, wie sie erfinderische Höflichkeit nur zu ersinnen vermag. Es braucht nicht eigens vermerkt zu werden, daß wir den von glücklichen oder unglücklichen Ereignissen betroffenen Brüdern eine Abordnung senden, die die Teilnahme der Loge zum Ausdruck bringt. Diese Abordnung ist von allen Brüdern unter allen Brüdern zu wählen, ihr Auftrag zu Protokoll zu nehmen und von den Abgeordneten darüber vor versammelter Loge Rechenschaft abzulegen, denn — wiederholen wir es — *die Form ist von großer Bedeutung.*

Die enge Verbindung mit den ausländischen Brüdern und unsere Pflichten ihnen gegenüber, worauf sich im wesentlichen die *Universalrepublik* gründet, stellen ein weiteres Thema von größter Wichtigkeit dar. Hierzu müßten einige gute Gesetze geschaffen werden, die mehr Beziehungen, eine stärkere Gemeinschaft zwischen den verschiedenen Vereinigungen zu schaffen geeignet wären und im Hinblick auf reisende Brüder dem Wohlwollen wie der Vorsicht Genüge täten.

In diesem Zusammenhang gestatten wir uns, Ew. Durchlaucht zu ersuchen, vom Konvent die Formulierung eines Empfehlungsschreibens beschließen zu lassen, mit dem sich alle reisenden Brüder zu versehen hätten, anderenfalls sie nirgends empfangen würden. Es sollte kurz und *rätselhaft* sein, um jeden Nachteil zu vermeiden; man könnte außerdem eine allgemeine Vorsichtsmaßnahme treffen, die sehr wichtig scheint, nämlich, daß die verschiedenen, auf Lebenszeit gewählten Siegelbewahrer ein unveränderliches Muster ihrer Unterschrift in alle Hauptorte des Ordens senden (zumindest in jene, mit denen wir in Verbindung treten könnten). Diese Vorsichtsmaßnahmen dürften zusammen mit allen anderen keinerlei Gefahr bestehen lassen, und jeder mit dem erwähnten Brief versehene Bruder sollte gewiß sein, überall (kraft des Kodex) Zuvorkommenheit, Schutz und Fürsorge zu finden.

All das reicht vielleicht hin, einen Bruder an unsere Vereinigung zu binden, weil er dort, mehr als in allen anderen Gesellschaften, sehr fühlbare Vorteile findet. Wir wollen aber größere Dinge für ihn tun und werden ihn lehren, daß sich die freimaurerische Wohltätigkeit nicht nur innerhalb unserer Logen abspielt. Hier öffnet sich uns ein weites Feld; um es würdig zu durchmessen, sollte jede Loge ein *Wohltätigkeitskomitee* einsetzen, dessen besondere Aufgabe es wäre, sich über alles Gute zu informieren, das getan werden kann, sowie über die besten Mittel zu seiner Verwirklichung. Es wird die Loge über hervorragend tugendhafte oder patriotische Taten unterrichten, die als über die gewöhnliche Ehrenhaftigkeit hinausgehend angesehen werden müssen. Kommen solche Taten in der niederen Schicht der Gesellschaft vor, können wir sie in mannigfacher Weise belohnen, und wenn wir erst mehr Ansehen gewonnen haben werden, gehen wir wohl nicht fehl in der Annahme, daß auch der vornehmste Mann, der sich durch eine große Tat auszeichnete, nicht wenig geschmeichelt wäre, von uns eine Delegation oder einen Brief als Ausdruck unserer Anerkennung und Huldigung zu erhalten. Diese Auszeichnung hätte etwas Republikanisches, das erstrebenswert erscheinen könnte. Begehrte man sie, würde sie sowohl dem Empfänger als auch jenen zur Ehre gereichen, die es verstanden hatten, sie wünschenswert zu machen.

Die wichtigste Aufgabe des Wohltätigkeitskomitees wäre es jedoch, *dem Unglück nachzustellen,* wenn wir uns so ausdrücken dürfen, es aufzuspüren und seine verschiedenen Stufen zu bestimmen, die fordernde Frechheit abzuweisen und die sich verbergende Scham bei der Hand herbeizuführen, in einem Wort, die Wohltätigkeit der Loge anzuspornen, zu informieren und zu leiten.

In der Überzeugung, daß sich diese Tugend nicht auf einige finanzielle Opfer beschränkt, sondern alle nur möglichen Formen zum Wohle der Menschheit annehmen soll, werden die ehrenwerten Verfasser des neuen Kodex die Brüder darüber aufklären, wie weit sie davon entfernt sind, ihre Pflichten erfüllt zu haben, wenn der Almosenkorb die Runde gemacht hat. Der Hinweis sei noch erlaubt, daß nach dem heutigen Gebrauch die Maurer fast nie das unmittelbare Werkzeug des Guten sind, das sie tun, so daß sie, wenn es zum Beispiel darum geht, einem Unglücklichen beizustehen, zwar ohne weiteres für eine Geldgabe stimmen, sich dann aber zurückziehen und nicht mehr daran denken.

Viel besser wäre es, die Brüder abwechselnd — und vor allem die jungen Brüder — zu beauftragen, im Namen der Loge das eine oder andere gute Werk zu vollbringen, das wir bestimmen. Wem wäre nicht bekannt, wie sehr die *Art und Weise* Wohltätigkeiten steigert? Schicken Sie einer bedürftigen Familie ein Goldstück, so ist es nur ein *Almosen;* überbringen Sie es selbst, so ist es eine *Wohltat.* — Im übrigen trägt solches Tun kräftig zu unserer moralischen Vervollkommung bei. Der Mensch ist nicht dazu geschaffen, im stillen Kämmerlein zu spekulieren, und indem man Gutes tut, gewinnt man daran Geschmack.

Aber nicht nur das Herz des Maurers soll im ersten Grad gebildet werden, sondern auch sein Geist erleuchtet, indem wir ihn zum Studium der *Moral* anhalten sowie der *Politik, die die Moral der Staaten ist.* In den Logen sollen interessante Fragen aus diesen beiden Gebieten erörtert werden, gelegentlich kann man die Brüder auch um eine schriftliche Stellungnahme bitten. Was die Politik angeht, *wird man sich niemals in eitlen Spekulationen verlieren,* denn die Metaphysik dieser Wissenschaft dient — wie überhaupt alles, was nicht klar und praktisch ist — nur zur Unterhaltung in Schulen und Gasthäusern.

Das wichtigste Anliegen der Brüder wird es demnach sein, sich gründliche Kenntnisse ihres Vaterlandes anzueignen, dessen, was es besitzt und was ihm abgeht, der Ursachen von Mißständen und der Mittel, um ihnen abzuhelfen. Alle Denkschriften der Brüder zu diesem Thema müssen aufbewahrt werden, und es steht fest, daß daraus mit der Zeit eine höchst interessante Sammlung entstehen wird. Solche ernsthaften Abhandlungen haben einen doppelten Vorteil: einerseits beschäftigen sie die Menschen, indem sie sie gleichzeitig vervollkommnen, andererseits befreien sie uns von den Kindern, vor allem von den alten, die am meisten Unheil stiften und am meisten Gutes verhindern.

Das Ritual dieses Grades sollte nicht so gestaltet sein, daß den zu ihm zugelassenen Brüdern keine Steigerung mehr zu hoffen bliebe. Man kann sich nicht vorstellen, wie sehr der Aufschub, die ungewissen Erwartungen, die den jungen Maurern aus der Ferne angedeutet werden, zur Ordnung beitragen, weil sie sie in Atem halten. Freilich müssen wir lästiges Drängen ihrerseits in Kauf nehmen, doch beugen dem der erforderliche Zeitabstand und das Mindestalter (zwei Bestimmungen, von denen unter keinen Umständen abgegangen werden darf) eine Zeitlang vor. Sollte im übrigen beschlossen werden, gewisse Brüder nicht zu befördern, so gibt es Mittel genug, ihrer Ungeduld ohne Heuchelei zu entgehen. So wird der geringe Nachteil, ihre Neugier allzu sehr anzustacheln, durch einen beträchtlichen Vorteil ausgeglichen, den man nicht preisgeben sollte. Ist der Maurer schon bei seinem Eintritt in den Orden überzeugt, alles zu wissen, gibt es keinen Aufbau mehr, denn die *Attraktion,* der Eifer und die Neugier wären dann vernichtet, die die unteren Grade zu den oberen anziehen, sie auf einander *aufbauen* und das maurerische *Ganze* bilden.

Man darf annehmen, daß ein Maurer, der sich eine beträchtliche Zeit im ersten Grade übte und von den empfangenen Lehren und guten Beispielen durchdrungen ist, der Beförderung in den zweiten würdig sein wird.

VI

Die *zweite Kategorie* der Freimaurerei sollte nach dem hier entwickelten Plan die *Anleitung der Regierungen und die Sammlung aller christlichen Sekten* zum Ziel haben. Man wird sich unermüdlich bemühen, jedwelches Hindernis zu beseitigen, das die Leidenschaften zwischen der Wahrheit und dem Ohr der Obrigkeit errichten könnten. Kein Fürst will das Schlechte, und wenn er es befiehlt, dann ist er getäuscht worden. Die Volksmeinung geht in dieser Hinsicht nicht fehl, denn sie haßt die Handlanger der Ungerechtigkeit, während der *ersten Ursache* fast immer nur ihr Mitleid gilt. Es wäre daher wichtig, daß sich jeder nach seinen Kräften und ohne Unterlaß befleißige, die Pläne der Bösen zu vereiteln und die Wahrheit überallhin zu tragen, wo sie Früchte zu bringen vermag.

Fügen wir noch hinzu, daß die Fürsten und ihre Vertreter sehr häufig die Wahrheit suchen, ohne hoffen zu können, sie zu finden. In solch schwierigen Lagen, in denen die Leidenschaften oft genug die hellsichtigste Rechtlichkeit irreleiten, könnte eine Vereinigung, die sich aus den heiligsten Beweggründen dem Sieg der Wahrheit weiht, die besten Dienste leisten, sei es, daß sie die Vertreter der Obrigkeit indirekt aufklärt, sei es, daß sie sich mit ihnen in Verbindung setzt, wenn sie dem Orden angehören, was leicht der Fall sein kann.

Die Grenzen des Staates stellen keine Beschränkung für die Tätigkeit dieser zweiten Kategorie dar, es ist sogar denkbar, daß die Brüder verschiedener Völker durch gemeinsame Bemühungen Hervorragendes zu leisten vermögen. — Wir brauchen hier nicht alle Vorteile aufzuzählen, die aus einer solchen Einrichtung gewonnen werden könnten, denn sie verstehen sich von selbst. Wir fügen nur noch einen Vorschlag für die wichtigsten Satzungen hinzu, die zu ihrer

Vervollkommnung und zur Verhütung allen Mißbrauchs notwendig erscheinen.

1° Kein Maurer kann vor Vollendung des dreißigsten Lebensjahrs in den zweiten Grad befördert werden, das beschließende Stimmrecht erhält er nicht vor dem fünfundreißigsten.

2° Jeder in diesen Grad aufgenommene Maurer verpflichtet sich feierlich, niemals und unter keinem Vorwand die Belehrungen oder Ermahnungen seiner Brüder in Fragen des individuellen oder Gemeinwohls abzulehnen, *welche öffentliche Stellung er auch immer bekleidet oder in Zukunft bekleiden könnte;* es steht ihm jedoch frei, den genannten Vorstellungen nach seinem Ermessen Rechnung zu tragen oder sie auch gar nicht zu berücksichtigen, denn er ist in erster Linie Staatsbürger und Staatsdiener, erst dann Freimaurer, und er hat niemandem Rechenschaft abzulegen über die Beschlüsse der Regierung, deren Ausführung ihm anvertraut ist.

3° Niemals wird der Bund den Ehrgeiz eines Bruders begünstigen, sondern ungeachtet seiner Verbindungen und Beziehungen stets bedenken, daß intrigieren nicht heißt, Gutes zu tun. Da es im übrigen keinem einflußreichen Bruder verwehrt ist, einen anderen Bruder für ein Amt oder ähnliches zu empfehlen, wenn seine Ansprüche begründet sind, sollte dasselbe Recht auch der Gesamtheit zustehen, nur müßte sparsam davon Gebrauch gemacht werden, denn auf diesem Gebiet liegen Mißbrauch und Billigkeit eng beisammen.

Die andere Aufgabe des zweiten Grades bestünde nach der vorgeschlagenen Ordnung in der *Sammlung der verschiedenen Sekten.* — Es wäre höchste Zeit, Ew. Durchlaucht, die Schande von Europa und vom menschlichen Geist zu tilgen. Was nützt es uns, eine göttliche Religion zu besitzen, nachdem wir das *nahtlose Gewand* zerrissen haben und sich die in der Auslegung des heiligen Gesetzes uneinigen Christgläubigen Ausschreitungen hingaben, die Asien erröten lassen würden? Die Mohammedaner kennen nur zwei Bekenntnisse, die Christen deren dreißig. Als ob wir uns abwechselnd durch entgegengesetzte Übertreibungen entehren müßten, sind wir, nachdem wir uns für unsere Dogmen erschlagen haben, nun in Religionsangelegenheiten in die stumpfste Gleichgültigkeit verfallen, die wir *Toleranz* nennen. Das Menschengeschlecht ist verächtlich geworden, die Erde hat sich vom Himmel losgesagt. Unsere angeblichen Gelehrten, die lächerlich stolz sind auf ein paar kinderleichte Erfindungen, dissertieren über die Festigkeit der Luft, verflüchtigen Diamanten, erklären den Pflanzen, wie lange sie zu leben haben, geraten außer sich angesichts einer unbedeutenden Versteinerung oder eines Insektenrüssels usw. Doch sie hüten sich wohl, auf Abwege zu geraten und sich ein einziges Mal die Frage zu stellen, was sie sind und wo ihr Platz im Universum ist.

O curvae ad terras animae et caelestium inanes![1]

Alles ist ihnen wichtig, nur nicht das einzig Wichtige. Entbrannt von einem tausendmal verwerflicheren Fanatismus als dem, den sie unaufhörlich beschimpfen, bekämpfen sie Wahrheit und Verwirrung gleichermaßen und wissen dem Aberglauben nur die Skepsis entgegenzusetzen. Die Unbesonnenen! Sie fühlen sich berufen, das Feld der menschlichen Meinungen zu jäten, und reißen den Weizen aus, damit ihnen das Unkraut nur ja nicht entgehe. Sie haben uns von unseren Vorurteilen geheilt, behaupten sie ... Ja, wie der Brand die Schmerzen heilt.

Wäre es, Ew. Durchlaucht, bei diesem Sachverhalt nicht

---

1 Oh zur Erde gebeugte Seelen, die ihr der himmlischen Dinge nicht achtet. (Persius)

unser würdig, *die Beförderung des Christentums zu einem der Ziele unseres Ordens zu erklären?* Dieses Vorhaben hätte in zwei Stufen zu erfolgen, denn jede Glaubensgemeinschaft müßte zunächst für sich und an ihrer eigenen Annäherung an die anderen arbeiten. Sicherlich wird dieses Unternehmen vielen Brüdern unausführbar erscheinen, aber warum sollten wir nicht versuchen, was zwei Theologen (Bossuet und Molanus) im vorigen Jahrhundert mit einiger Aussicht auf Erfolg in Angriff nahmen? *Der Zeitpunkt ist jetzt noch günstiger*, denn die verderblichen Lehren unseres Jahrhunderts haben wenigstens dazu geführt, daß sich die den Streitfragen gegenüber ziemlich gleichgültigen Gemüter einander nähern können, ohne zusammenzuprallen. Man muß heutzutage schon in der Geschichte bewandert sein, um zu wissen, was der *Antichrist* und die *babylonische Hure* sind. Die Theologen disputieren nicht mehr über die *Hörner des Tiers.* All diese apokalyptischen Schmähungen würden heutzutage schlecht aufgenommen werden, und man nennt jedes Ding bei seinem Namen. Selbst Rom heißt Rom und der Papst: Pius VI.

Wir erlauben uns, Ew. Durchlaucht Aufmerksamkeit noch darauf zu lenken, daß es niemals zu dieser Vereinigung kommen wird, wenn man sich öffentlich darum bemüht. Die Religion kann in unserer Zeit nur noch als Bestandteil der Politik der einzelnen Staaten angesehen werden, und diese Politik ist von so empfindlicher Natur! Sobald man sie nur leise berührt, bekommt sie Zuckungen. Und der *theologische Dünkel* wird für neue Hindernisse sorgen, so daß dieses große Vorhaben nur im Verborgenen in die Wege geleitet werden kann. Verbindungsausschüsse sind einzurichten, die sich vor allem aus in den Bund aufgenommenen und eingeweihten Geistlichen der verschiedenen Glaubensgemeinschaften zusammensetzen. Wir werden langsam, aber sicher arbeiten. Wir werden keinerlei Eroberung unternehmen, die nicht geeignet wäre, das *Große Werk* zu vervollkommnen. Hüten wir uns, die Lunte zu zünden, bevor wir Gewißheit über die Wirkung haben. — Und wie die Welt nach der kraftvollen Formulierung eines Kirchenvaters einst *überrascht* feststellte, daß sie *arianisch* geworden war, so müßten die heutigen Christen von ihrer Einigung überrascht werden.

Zweifellos sollte das Werk *bei den Katholiken und Augsburger Lutheranern* beginnen, deren Bekenntnisse sich nicht gewaltig unterscheiden. Die Kalvinisten dagegen müssen zugestehen, wenn sie aufrichtig sind, daß sie das Christentum absonderlich entstellt haben. *Es ist also an ihnen, uns Zugeständnisse zu machen.*

Alles, was geeignet ist, die Religion zu fördern, die gefährlichen Lehren auszurotten, kurz, den Thron der *Wahrheit auf den Trümmern des Aberglaubens und des Skeptizismus* zu errichten, gehört zu den Aufgaben dieser Kategorie, was notwendig voraussetzt, daß das für diesen Grad geforderte Glaubensbekenntnis ausführlicher sei als das erste. Kein Bruder darf also in ihn aufgenommen werden, wenn er nicht offen die *Göttlichkeit Christi* bekennt und die Wahrheit der Offenbarung, die auf ihr beruht.

VII

Nun sind wir schließlich zum dritten Grad gelangt, dessen Inhalt *das transzendente Christentum* darstellt. Es erscheint gewiß, daß die meisten Brüder, die ihre Kenntnisse und Gaben zum zweiten Grad befähigten, unausbleiblich in den dritten gelangen, denn jeder zum christlichen Glauben Hingezogene wird notwendig entzückt sein, *die Lösung einiger Schwierigkeiten zu finden, die sich unserem Wissen stellen.*

Gegenstand der Studien und eingehendsten Betrachtungen der in diesen Grad erhobenen Brüder ist die Untersuchung der Tatsachen sowie die Metaphysik. Es ist hier nicht der Ort zu prüfen, wie weit sich durch die Vernunft allein die Wahrheit der Doktrin nachweisen läßt, die wir bekennen. Es steht dagegen fest, daß uns die Entdeckungen von Tatsachen die besten Gründe für Glaubwürdigkeit liefern. *Alles ist Mysterium im Alten und Neuen Testament,* und die Erwählten im einen wie im anderen sind nichts anderes als die *wahren Eingeweihten.* Wir müssen also das ehrwürdige Altertum zu Rate ziehen und es befragen, was es unter den *heiligen Allegorien* verstand. Wer zweifelte daran, daß uns solche Untersuchungen siegreiche Waffen gegen die heutigen Schriftsteller liefern, die in der Heiligen Schrift hartnäckig nur den *wörtlichen Sinn* sehen wollen?[1] Sie werden allein schon von dem Ausdruck *Mysterien der Religion* widerlegt, den wir täglich verwenden, ohne seine Bedeutung zu erfassen. Dieses Wort Mysterium beinhaltet ursprünglich nichts weiter als *eine von jenen, die sie kannten, hinter Symbolen*

1 Zwei englische Theologen haben diese wesentliche Frage mit großer Gelehrsamkeit verfochten: Middleton, *Allegorical and Litteral Interpretation,* und Shuckford, *The Creation and Fall of Man.*

verborgene Wahrheit.[1] Im weiteren Sinn und sozusagen fälschlich wurde es später *auf alles Verborgene, alles schwer zu Verstehende ausgedehnt.* In diesem Sinne sagen wir heute, die Zeugung sei ein *Mysterium,* und sagte einst Marc-Aurel: „Tod wie Geburt sind ein *Mysterium* der Natur."[2]

Und weil die Bezeichnung *Mysterium* in den Augen der römischen Kirche nicht mehr bedeutungsvoll genug war, erfand sie für die *Sieben Mysterien schlechthin* das Wort *Sakrament.*[3]

Ew. Durchlaucht werden nun vielleicht zu dem Schluß gelangen, daß unsere Theologen, wollten sie die unwiderlegbare Sinnverwandtschaft der Wörter *Mysterium, Sakrament, Symbol* und *Bild* sorgfältig überdenken, uns bald zu einer Übereinkunft in einer der Fragen bringen würden, die unsere beiden Glaubensgemeinschaften trennen.

Es scheint also, daß es nur eines etymologischen Wörterbuchs bedarf, um die Verfechter des *Buchstabens* zu widerlegen. Wie könnten sie aber auch der einmütigen Auffassung der Urchristen widerstehen, die *allesamt für den allegorischen Sinn eintraten?* Gewiß gingen sie dabei *zu weit,* aber die falschen Wunder beweisen die echten, wie Pascal bemerkt, ebenso zeigt die Übertreibung der allegorischen Erklärungen, daß diese Lehre eine greifbare Wurzel hatte, die wir allzusehr aus den Augen verloren haben.

Mit welchem Recht kann man *der ganzen kirchlichen Frühzeit* widersprechen, die uns so viele unter der Schale

---

1 Es gibt wohl keinen vernünftigen Einwand gegen die Ansicht von Abbé Pluche, der das griechische *mysterion* aus dem phönizischen *mistar, mistor* oder *mistarim* ableitet, was *velamen, absconsis, latibulum* bedeutet *(Histoire du ciel,* Bd. I, Seite 404).

2 *Selbstbetrachtungen,* 34. Kap., Par. 1.

3 Daher kommt es, daß die Wörter „Mysterium" und „Sakrament" bisweilen verwechselt worden sind und die Vulgata eine Unsicherheit aufkommen ließ, indem sie *to mysterion toyto* im Epheserbrief (V, 32) mit *sacramentum hoc* übersetzte.

von Allegorien verborgene Wahrheiten andeutet? Der heilige Anastasius vom Sinai sagt uns: „Die einstigen Exegeten der Kirche faßten den mosaischen Bericht über das Werk der sechs Tage allegorisch auf und wiesen auf verschiedene Irrlehren hin, die einzig darauf zurückzuführen waren, daß man die Erzählung der Genesis von Gott und dem irdischen Paradies zu wörtlich genommen hatte."[1] Ein anderer kirchlicher Schriftsteller vertritt ebenfalls die Meinung, daß „einige Häretiker behaupteten, man dürfe dem Alten Testament keinen mystischen und allegorischen Sinn beilegen, der sich von dem unterschiede, den die Dinge selbst zum Ausdruck bringen; wenn man ihnen jedoch beipflichtete, würde sich daraus notwendig eine Fülle von Ungereimtheiten ergeben ... Man muß die Bücher des Alten Testamentes nicht nur im wörtlichen, sondern auch im übertragenen und allegorischen Sinn erklären und ihre wahre Bedeutung entdecken."[2]

Es ist im übrigen höchst bemerkenswert, daß das Judentum in diesem Punkt nicht anders dachte als die Kirche. Der Geschichtsschreiber Josephus[3] weist uns darauf hin, bevor er auf die Frühzeit seines Volkes eingeht, daß „Mose sich bildhaft ausdrückte, wenn der Gegenstand dies erheischte; er verwandte auch Allegorien, obgleich mit großer Zurückhaltung, und sagte unverhüllt nur das, was nicht verborgen sein sollte; so daß es langer Arbeit bedürfte, wollte man in seinen Büchern alles entwirren, was sich auf diese verschiedenen Themen bezieht."

Ein viel gewichtigeres Zeugnis ist jedoch das des gelehrtesten und bekanntesten Rabbiners, des berühmten

---

1 *Bibliothèque des Pères*, Paris 1589, Bd. I, Sp. 269.

2 Mose Bar Cepha, Bischof von Beth-Raman und Beth-Ceno in Syrien. Ebd., Sp. 409.

3 Vorwort zu den *Jüdischen Altertümern*.

Maimonides, *Moses Aegypticus* genannt.[1] Er schreibt: „Laßt euch nicht betören von dem, was die Sabier über den ersten Menschen erzählen, über die Schlange, den Baum der Erkenntnis des Guten und Bösen, die Kleider, die noch nicht in Gebrauch waren, und glaubt nicht, daß diese Dinge wirklich in dieser Weise existiert haben. Es hat sie nie gegeben. Mit der geringsten Aufmerksamkeit werdet ihr die Falschheit all dessen bemerken, was sie darüber sagen und erst ersannen, als sie Kenntnis von unserem Gesetz und der Schöpfungsgeschichte erlangt hatten; denn sie nahmen sie im wörtlichen Sinn und machen jetzt diese Fabeln daraus ... Man darf sich nicht wie das gemeine Volk an den Buchstaben dessen halten, was im *Bereschit*[2] oder in der Schöpfungsgeschichte geschrieben steht. Sonst hätten sie die Weisen nicht mit so viel Sorgfalt in so viele Gleichnisse gehüllt und wären nicht so darauf bedacht gewesen, zu verhindern, daß dem unwissenden Pöbel Kunde davon würde. Wenn man sie nämlich dem Wortlaut nach versteht, wird man zu Vermutungen verleitet, die die göttliche Natur herabwürdigen, die Grundfesten des Glaubens umstürzen, die Irrlehren hervorbringen."[3]

Welch ein weites Feld öffnet sich hier dem Eifer und der Beharrlichkeit der Großprofessen! Mögen sich die einen beherzt in gelehrte Studien vertiefen, die unsere Kenntnisse zu vervielfachen und die bereits erworbenen zu klären geeignet sind. Mögen andere, die durch ihre Gaben zu metaphysischer Betrachtung berufen sind, in der Natur selbst der Dinge die Beweise für unsere Lehre suchen.

1 „Der Ägyptische Mose". Der in Cordoba geborene Maimonides verbrachte in der Tat den größten Teil seines Lebens in Ägypten, wo er der Arzt Saladins war und 1209 starb.

2 Die *Genesis.*

3 Rabbi Maimonides, *More Nebuchim,* Teil II, Kap. 29. Zitiert nach (Court de Gébelin, *Monde primitif: Génie allégorique des Anciens,* Seite 45f.

Schließlich mögen wieder andere (und gebe Gott, daß sie zahlreich sind!) uns mitteilen, was ihnen eingegeben wurde von *jenem Geist, der weht, wo er will, wie er will und wann er will.*

Doch was sind wir? Woher kommen unsere Kenntnisse? Gibt es andere Vereinigungen, die unser Wissen ganz oder teilweise besitzen? ... Hier lege ich die Feder aus der Hand und erwarte voll Achtung und Vertrauen in die versammelten Ehrwürdigen Meister ihre Entscheidungen, ohne ihnen vorzugreifen.

VIII

Alles, was wir uns hier inständig zu wünschen erlauben, ist eine weise und strenge Regel, um dem Bekehrungseifer vorzubeugen, der dem Eifer für die gute Sache so nahesteht, daß letzterer sich vernünftigerweise vor ihm hüten und sich an das Gesetz halten muß. Zwei Vorsichtsmaßnahmen erscheinen unabhängig von den anderen geboten: 1° Ein Mindestalter für das Gelübde ist festzulegen, von dem nicht abgewichen werden darf; 2° Die Aufnahme kann nur auf den Beschluß einer der Logen hin erfolgen. Wenn es einzelnen gestattet wird, unser Wissen aus eigenem Antrieb weiterzugeben, ist alles verloren.

Wenn nun der Konvent beschlossen haben wird, daß der Freimaurerorden weiterbestehen soll (denn das wird er wahrscheinlich beschließen), welche Form der Leitung sollen wir dann annehmen? Wir brauchen uns nicht bei der absoluten Herrschaft eines einzigen aufzuhalten, weil alle Brüder sie einmütig abzulehnen scheinen. Einige neigen dem demokratischen System zu, doch glauben wir, behaupten zu können, daß es vielleicht noch mehr Nachteile hat. Die Feststellung genügt, daß die Demokratie stets nur in kleinen Staatswesen eingeführt und aufrechterhalten werden konnte, und unabhängig vom Tatsachenbeweis erhellt die Sache aus sich selbst. Nun muß die Freimaurerei aber zweifellos als ein umfassendes Gebilde angesehen werden. Wir sind schon genügend zerstreut durch die geographische Entfernung, die Verschiedenheit der Sprachen, Konfessionen, Sitten, Vorurteile. Nehmen wir dazu noch eine Regierungsform an, die jeden bei sich isoliert, so sind die Maurer nichts mehr als ein Sandhaufen ohne Kalk, ohne jedes Ansehen in Europa. Es wird dann zwar *Freimaurer* geben, aber keinen *Freimaurerorden.*

Es muß daher ein Zentrum geben, einen Brennpunkt, in

dem alle Strahlen zusammentreffen. Und um den Gefahren der Tyrannei wie der Anarchie vorzubeugen, scheint die Leitung eines einzelnen angemessen, die jedoch von anderen Organen modifiziert wird. Diese Lösung empfiehlt sich um so mehr, als aus zahlreichen Gründen, die sich von selbst verstehen, es einen Mißbrauch dieser Herrschaft bei uns nicht geben kann. Ein hervorragendes Beispiel eines solchen Regimes liefert die Autorität des Papstes über die katholische Kirche. Wir glauben nicht, daß man sich *etwas Besseres* vorstellen könnte. Wohlgemerkt verstehen wir dies nur für jene Länder, in denen die Macht sich in den Grenzen der Gerechtigkeit bewegt, als da sind Frankreich, seit kurzem Österreich und das Land, in dem dies geschrieben wird.[1]

Daß man den Generalobersten des Ordens eine Verpflichtungserklärung unterschreiben läßt, erscheint nur recht und billig. Wir erlauben uns aber, daran zu zweifeln, daß es notwendig sei, ihm einen Rat beizugeben in dem Sinne des Wortes, wie ihn manche Brüder verstehen. Es wäre wahrscheinlich besser, ihn die Gehilfen selbst wählen zu lassen, die er für angebracht hält. Nichts befördert Streitigkeiten mehr als aufgezwungene Ratgeber. Solange das Oberhaupt kein Gesetz ohne unsere Mitwirkung erlassen kann (wie wir es umgekehrt ohne die seine nicht tun können), sollten die Brüder beruhigt sein.

Es ist einsichtig, daß die Bestallung eines solchen Oberen mit einem Nachteil verbunden ist: die Vielzahl der Schriftstücke und Dokumente aller Art, die sich an seinem Amtssitz anhäufen, werden bei jedem Wechsel überflüssig oder beschwerlich. Dieser Nachteil wäre jedoch in einem demokratischen System noch weitaus beträchtlicher. Man könnte ihn im übrigen durch die Bestimmung auf ein

1 Herzogtum Savoyen (A. d. Ü.).

Minimum verringern, daß der Amtssitz stets in derselben Gegend zu bleiben hat. Nun wäre es möglich, daß sich der *Nationalstolz* gegen diesen Vorschlag auflehnt, aber zu Unrecht wohl. Und wenn man in dieser Angelegenheit die Meinung völlig uneigennütziger Leute hören wollte, die von der Sprache her zu Frankreich, von der Regierung her zu Italien, sozusagen aber zu keiner Nation gehören,[1] würde man diese Ehre *den guten Deutschen, einem besonders besonnenen, umsichtigen, zurückhaltenden (außer beim Angriff) Volke* zuteil werden lassen, das heute wie einst zwei Anerkennungen verdient, die fast immer widersprüchlich sind: *Gentis non astutae nec callidae ... multum rationis et soleritae.*[2]

1 Die Savoyer (A. d. Ü.).

2 Tacitus, *De origine situ moribus ac populis Germanorum,* 22, 29. („Volk ohne List noch Betrug ... aber äußerst besonnen und tüchtig.")

IX

Was die Verfassung angeht, ist es im Augenblick unmöglich, sie zu *vollenden,* es genügt, sie zu *entwerfen.* Dieser Entwurf muß *französisch* abgefaßt werden, *weil es die Weltsprache ist* und man, wählte man eine andere, damit rechnen müßte, daß der Text in den Gebieten, wo sie nicht gesprochen wird, nur von einigen Gelehrten verstanden würde. Diese Skizze (denn mehr ist nicht zu erreichen) soll dann gedruckt und verbreitet werden, nicht damit sie schon streng befolgt werde, sondern zur Prüfung und Beobachtung, *wenn dem nichts entgegensteht.* Jeder Großloge obliegt es dann, einige Brüder mit der Niederschrift der sich aus den Umständen ergebenden Beobachtungen zu beauftragen, der unvorhergesehenen Nachteile, überhaupt aller Einzelheiten, die gestrichen, hinzugefügt oder geändert werden sollten. Aus all diesen Beobachtungen, die gesammelt und in einigen Jahren dem Ehrwürdigsten Generaloberen übergeben werden sollen, wird eine so vollkommene Verfassung entstehen, wie dies die menschliche Schwäche nur zuläßt. Wer glaubt, man könne auf andere Weise gute Gesetze erzielen, versteht nichts von der Sache.

Welcher Grad der Vervollkommnung zum gegenwärtigen Zeitpunkt auch immer erzielbar ist, wird man ihn niemals erreichen, wenn das geplante Werk nicht dem Kopf eines einzigen Mannes entspringt wie Minerva dem des Jupiter. Aus gutem Grund verachtete der große Erneuerer der Philosophie[1] alles *Stückwerk.* In allen Dingen, die eine Einheit erfordern, richten zwanzig Genies sicherlich mehr Unheil an als ein einziger Mensch, der nur mit gesunder Urteilskraft begabt wäre. Mögen alle Brüder daher ihre Gedanken vortragen, aber nur ein einziger das Projekt ent-

1 Descartes, *Discours de la Méthode.*

werfen und ihm die Einzelheiten unterordnen; anderenfalls würde der auf Flickwerk beschränkte Verfasser mit großer Mühe schlechte Arbeit leisten.

... *Infelix operis summa, quia ponere totum nesciet...*[1]

Wollte man ausführlich auf die verschiedenen Gesetze eingehen, die geeignet wären, Beständigkeit und Glanz des Ordens zu gewährleisten, wäre dies ein gewaltiges Unternehmen. Wir können jedoch kurz auf die wichtigsten eingehen.

I. — Eines zunächst erscheint so wesentlich, so unabdingbar, daß es gestattet ist, es ohne die gewöhnliche Zurückhaltung vorzutragen: dasjenige, das die Zahl der Maurer in jeder Loge beschränkt. Wir glauben versichern zu können, daß der Orden mit diesem Gesetz unerschütterlich sein wird, ohne ein solches aber in weniger als fünfzehn Jahren zu dem herabgesetzt würde, was er heute ist. Wendete man diese heilsame Regel an, wieviel Gutes würde daraus entstehen! Verbundenheit der Brüder mit dem Orden (denn alles, was exklusiv und schwer zu erlangen ist, schmeichelt dem Menschen gewaltig); Wetteifer unter den Profanen (ein freier Platz würde zum Ereignis); Wegfall der ungeheuren Nachteile zahlreicher Aufnahmen (jetzt schwanken wir zwischen dem Mittelmäßigen und dem Schlechten, dann hätten wir nur noch zwischen dem Guten und dem Hervorragenden zu wählen). Lassen wir es hierbei bewenden, denn es ist unmöglich, alle Vorteile aufzuzählen, die sich aus einer solchen Vorschrift ergäben.

Freilich wäre es gut, wenn Plätze anders freiwürden als

---

1 Horaz („unglücklich über das Gesamtwerk, weil er es nicht als ein Ganzes zu gestalten vermag").

durch Tod: als Ehrenbezeugung für einen Bruder, der die höchsten Grade erreicht hat und seit zwanzig Jahren dem Orden angehört, könnte man ihm bewilligen, daß er für einen der Loge genehmen Kandidaten einen Platz im ersten Grad freigibt.

II. — In jeder Gesellschaft sind Strafen erforderlich. Stellen wir uns eine Skala der verschiedenen Verfehlungen vor, deren ein Maurer sich schuldig machen könnte, von der einfachen Fahrlässigkeit bis hin zum Delikt. Erdenken wir nun eine andere Skala von Strafen, von einer leichten Geldbuße bis zur förmlichen Diffamierung im gesamten Orden. Teilen wir dann die Verfehlungen wie die Strafen in drei Kategorien ein, und bestimmen wir, daß die Strafen der ersten von jeder einzelnen Loge aus eigener Machtvollkommenheit verhängt werden können, die der zweiten nur unter Hinzuziehung des Schottischen Rates und die der dritten schließlich dem Generaloberen vorbehalten bleiben. Sollte letzterer jedoch seine Einwilligung zu einer Strafe der dritten Stufe verweigern, könnte er den Schottischen Rat nicht daran hindern, die der zweiten zu verhängen, dieser wiederum wäre den Provinzialgroßlogen gegenüber in gleicher Weise eingeschränkt, was die Strafen der ersten Kategorie angeht. So wären die Dinge wohl recht gut ausgewogen. Was das volle und uneingeschränkte Recht jedes Angeklagten in allen drei Fällen auf Verteidigung angeht, so versteht es sich von selbst.

Der Nachteil, einen verurteilten Schuldigen zu reizen und damit die Geheimnisse zu gefährden, läßt sich nicht vermeiden. Ist er jedoch im ersten Grad, so möge er ruhig herumerzählen, wir gingen in alle Löcher, die Elenden zu suchen, die Börse in der Hand, und daß er bei solchen Greueln nicht habe mitschuldig werden wollen. Daß aber ein Bruder, der unter den beschriebenen Vorsichtsmaßnahmen zu den höheren Graden befördert wurde, eine äußerste Strenge erfordernde Verfehlung beginge, ist unwahrscheinlich. *Im übrigen werden wir in einigen Jahren in der Lage sein, einen solchen Bruder zum Schweigen zu bringen, oder es wäre kläglich um uns bestellt.*

III. — Die Provinz- oder Wanderlogen dürfen nie über den ersten Grad hinausreichen, und *das höhere Wissen muß den Großlogen vorbehalten bleiben.* Schließlich mögen sich die Verfasser der neuen Regel drei Worte einprägen, bevor sie sich ans Werk machen: *Omne promiscuum sordescit.*[1]

IV. — Niemals sollen die anderen Maurer[2] zu unseren Versammlungen zugelassen werden. Wozu kämen sie auch? Um uns zu stören, um ihre Neugier zu befriedigen, die sie zu uns treibt, und um unsere Zeremonien nachäffen zu können. Da es sich aber empfiehlt, das Ansehen unseres Ordens, welches er bereits genießt, weiter zu steigern sowie auch unsere brüderlichen Bankette oder *Tafellogen* beizubehalten, können wir durchaus von Zeit zu Zeit nicht nur andere Freimaurer, sondern auch hervorragende Profane einladen, die diese Höflichkeit zu verdienen scheinen. Hierfür sehen wir ein kurzes, interessantes und unverfängliches Ritual vor, das unsere Ehrfurcht vor dem Spender aller Gaben, unsere Ergebenheit gegenüber der Obrigkeit und unsere brüderliche Verbundenheit zum Ausdruck bringt. Man kann sich des bestehenden Rituals bedienen oder es verbessern. Wir brauchen aber zu diesem Punkt genaue Vorschriften über die Ausgaben und müssen die Zahl der Geladenen streng auf zwei bis drei beschränken.

1 „Alles, was allgemeine Verbreitung erfährt, wird herabgewürdigt."
2 Die nicht dem Schottischen Ritus angehören (A.d.Ü.).

V. — Die Finanzen sind ein Gegenstand von höchster Wichtigkeit. Wir alle sind uns einig, daß kein einzelner einen materiellen Vorteil im Orden finden soll. Hüten wir uns jedoch, diesen Grundsatz auf die Gesamtheit anzuwenden und Geiz mit Uneigennützigkeit zu bemänteln. Ew. Durchlaucht werden untertänigst gebeten, dafür Sorge zu tragen, daß weder die jährlichen Beiträge noch die Kosten für die verschiedenen Grade herabgesetzt werden, eher sollten sie noch steigen. Was wären wir ohne Geldmittel, wie sollte man uns schätzen, wenn wir über keinen Reichtum verfügten? Gerade weil wir die Rezeptionen nicht vervielfachen wollen, müssen sie teuer sein. Uns ist es erlaubt, am Geld zu hängen, denn alle Brüder wollen es ja nur, um es auszuteilen, um Gutes damit zu tun. Im übrigen muß jede Loge Herr ihrer Kasse sein und an die höheren Instanzen nur die unumgänglichen Kosten bezahlen wie Korrespondenz, gemeinnützige Reisen, etc. Was jedoch die Buchführung angeht, so dürfen weder die Landeslogen dem Generaloberen noch die Provinziallogen den Landeslogen die Einsicht verwehren, sonst gäbe es keine Unterordnung mehr. Es wäre sogar wünschenswert, von jeder einzelnen Loge einen Rechenschaftsbericht über ihre Ausgaben zu verlangen, um zu sehen, wie und zu welchen Zwecken die Mittel verwandt werden.

VI. — Es erscheint dringend geboten, daß der Kandidat vor seiner Aufnahme in irgendeinen Grad *zwei* Eide schwört, denn er muß sich zunächst verpflichten, den Inhalt der jedem Grad eigenen Eidesformel geheimzuhalten, falls er es nicht für richtig hielte, den Eid zu leisten. Hat er sich die ihm mitgeteilte Formel überlegt und bleibt er dabei, so schwört er den zweiten Eid, den des jeweiligen Grades. Diese Vorsichtsmaßnahme scheint notwendig, um nichts leichtfertig zu unternehmen.

Obwohl es — wie bereits erwähnt — keine Schwierigkeiten im Hinblick auf die Legitimität des Eides gibt, insofern er uns zu lobenswertem und nützlichem Tun verpflichtet, wirft er dennoch eine heikle moralische Frage auf, insofern er uns zur Geheimhaltung zwingt. Diese Frage, die nicht verschleiert werden darf, besteht darin, ob es statthaft sei zu schwören, *sogar der Obrigkeit vor Gericht etwas zu verbergen.*[1] Es läßt sich jedoch behaupten, daß 1° das Naturrecht älter sei als das bürgerliche und sogar das öffentliche Recht; 2° die Verschwiegenheit zum Naturrecht gehöre, weil auf ihr das Vertrauen beruht, die Grundlage der menschlichen Gesellschaft; 3° wenn wir gewiß sind, daß das freimaurerische Geheimnis nichts beinhaltet, was im Gegensatz zu Religion oder Vaterland steht, dieses einzig dem Naturrecht unterliege und wir genauso wenig verpflichtet seien, es der Obrigkeit zu enthüllen wie die Geheimnisse unserer Freunde, die wir nach Ansicht der philosophischen Moralisten vor Gericht verschweigen dürfen. Im übrigen wäre es wünschenswert, wenn die versammelten Brüder diese Frage ausführlicher behandelten, als es hier geschehen kann.

Dies sind, Gnädigster Herr, die Betrachtungen, die wir Ew. Durchlaucht untertänigst unterbreiten. Sie selbst, Gnädiger Herr, haben uns bewegt, uns diese Freiheit zu nehmen, und Sie werden es nicht verwunderlich finden, daß man sich in einem Alter, in dem die Gefühle noch

1 So hat es Benedikt XIV. nicht versäumt, an der schwachen Stelle anzugreifen, wenn er schreibt: „Quasi liceat alicui cujuslibet promissionis aut juramenti obtentu se tueri quominus a legitima potestate interrogatur omnia fateri teneatur.“ Bulla, 15 kal. jan. 1751. („Als ob es erlaubt wäre, unter dem Vorwand eines Versprechens oder einer sonstigen Verpflichtung zu glauben, daß man nicht gehalten sei, der legitimen Obrigkeit auf Befragen alles zu sagen.“)

lebhaft und unwiderstehlich sind, das Vergnügen nicht versagen kann, dem erhabenen Ferdinand zu schreiben. Geruhen Sie denn, Gnädigster Herr, diese mangelhafte, in Eile verfaßte Abhandlung gütigst entgegenzunehmen, die in den Augen Ew. Durchlaucht nur durch ihre Absicht gelten kann. Wenn wir uns erlaubt haben, auf einige bedeutungsvolle Punkte ausführlicher einzugehen, so deshalb, weil der Eifer gerne redet, wenn ihn die Güte befragt.

Chambéry, 15. Juni 1782

Albéric Caron de Viat

AUS DER VERNUNFT INS OBSKURE

Joseph de Maistre — ein Freimaurer! Das ist allerdings ein Grund zur Verwunderung, wenn man Maistre wenig oder nur vom Hörensagen kennt. Denn stellt ihn eine gewisse Geschichtsschreibung nicht als geharnischten Theokraten dar, als Beweihräucherer des Krieges, des Schafotts und des Papstes, als Verkörperung der Intoleranz? Den liberalen Stendhal (der ihn im übrigen nicht gelesen hat) schauderte vor diesem „Freund des Henkers", der Katholik Lamartine bezeichnete ihn herablassend als „rohe Seele". Und diese Feindseligkeit setzt sich bis in unsere Tage fort: sie findet sich bei dem Forscher R. Triomphe, der Maistre seine Habilitation widmete, wie bei dem Essayisten E. M. Cioran, welcher in ihm in seiner Präsentation ausgewählter Texte einen „Provokateur" sieht, der ein „an Enormitäten reiches Werk schuf".

All das ist natürlich übertrieben, beruht auf Verzerrungen und Gemeinplätzen. Maistres Werk ist unendlich vielschichtiger und nuancierter, manchmal auch widersprüchlich, so daß selbst wohlmeinende Kommentatoren bisweilen in die Irre gingen, wozu es freilich einigen Anlaß gibt. Denn wenn die Grundsätze Maistres von einer bestimmten Zeit an auch unantastbar und unwandelbar sind, so versteht er sich gleichwohl darauf, sie in sonderbare Verkleidungen zu hüllen und hinter wunderlichen Masken zu verbergen. Der Verfechter der Todesstrafe verteidigt einen seiner Meinung nach zu Unrecht verurteilten Unglücklichen und verlangt seine Begnadigung, und die Erinnerung an diesen „ungeheuerlichen Prozeß" verfolgt ihn noch zwanzig Jahre später. Die Säule des Absolutismus empört sich über die russische Tyrannei in Polen, der

Aristokrat beurteilt einen Teil „seiner“ Gesellschaftsschicht als „mondäne Kanaille“. Der erbitterte Gegner der Revolution verfaßt eine Broschüre mit dem Titel *Die Wohltaten der Revolution,* während zu Füßen des Schafotts noch das Blut dampft. Dieser Mann des Glaubens und des Dogmas schreibt: „Ich bin von Natur ein großer Zweifler und keineswegs rechthaberisch.“ Er, dessen Weltanschauung sich auf Hoffnung gründet, gesteht: „Es gibt keine Möglichkeit mehr, Anker zu werfen und auf einen Glauben zu vertrauen, nicht einmal mehr auf eine bestimmte Erwartung.“ Der Feind Voltaires ist ein Meister der Ironie und ein Klassiker, der vor Grotesken nicht zurückschreckt: „Frechheit gehört in Schriften wie Pfeffer ins Ragout.“ Dieser weichherzige Monolith, dieser Mystiker, der den Glauben mit Vernunftargumenten stützt, dieser Schüchterne, der den Mächtigen der Erde die unbequeme Wahrheit offen ins Gesicht sagt, ist vor allem ein rastloses Wesen, das manchmal eigenartige Wege beschreitet, von denen die Freimaurerei nur einen darstellt. „Ich möchte, ich möchte, ich weiß nicht recht, was. Vielleicht werden mich die Umstände schließlich *eine einzige Sache* wollen lassen. Zwischen der Philosophie und den Gesetzen hin- und hergerissen, *wird mein Heil wohl in der Diagonale liegen.*“

*

Dieser kraftvolle, tiefgründige, paradoxe, verwirrende und daher oft unverstandene Geist mit dem mystischen, unruhigen und liebevollen Herzen wurde am 1. April 1754 in Chambéry im Herzogtum Savoyen (das der Welt auch Franz von Sales schenkte) geboren, damals zum Königreich Sardinien-Piemont gehörig. Er war der Älteste von zehn Kindern; sein Bruder Xavier, Verfasser von *Reise um mein Zimmer* und *Der Aussätzige der Stadt Aosta,* machte eine brillante literarische Karriere und war im 19. Jahrhundert zweifellos berühmter als Joseph.

Der Vater, Präsident des savoyischen Senats, des Obersten Gerichtshofes, war dank seiner Kodifizierung der Gesetze des Königreiches in den Adelsstand erhoben worden. Die Mutter, Christine de Motz, zeichnete sich durch tiefe Frömmigkeit aus. Schon früh wurde Joseph für die juristische Laufbahn bestimmt. Nach Abschluß seiner Studien an der rechtswissenschaftlichen Fakultät in Turin ließ er sich in seiner Heimatstadt nieder, wo er der Staatsanwaltschaft angehörte. 1786 heiratete er Mademoiselle de Morand, die ihm einen Sohn schenkte, Graf Rodolphe — er sollte einen Teil des väterlichen Werks posthum veröffentlichen —, sowie die Töchter Adèle und Constance. Als in Frankreich die Revolution ausbrach, stand ihr Maistre zunächst eher positiv gegenüber. Die Abschaffung der Feudalrechte konnte für ihn im übrigen nichts Anstößiges haben, waren sie doch in Savoyen schon seit zwei Jahrzehnten aufgehoben worden. Doch lange vor seinen Zeitgenossen begriff Maistre, daß es mit dem Ancien Régime endgültig vorbei war und nichts mehr so sein würde wie zuvor. Die Lektüre von Burkes *Gedanken zur Französischen Revolution* beförderten diese Entwicklung, so daß er nach seinen eigenen Worten zum „Antidemokraten und Antigallikaner" wurde.

Im September 1792 besetzten die Revolutionsarmeen Savoyen. Maistre verließ das Herzogtum und flüchtete sich mit seiner Familie nach Aosta. Angesichts der drohenden Einziehung seiner Güter kehrte er zwar nach Chambéry zurück, da er sich jedoch weigerte, die Kriegssteuer zu bezahlen — er wollte den Kampf der Franzosen gegen die sardinische Armee, in der zwei seiner Brüder dienten, nicht finanzieren, —, war er neuerlich zur Emigration gezwungen, diesmal nach Lausanne. Dort wirkte er nicht nur als

„Agent“ des Königs von Sardinien, sondern legte seine Gedanken auch in kurzen Schriften dar: *Briefe eines savoyischen Royalisten an seine Landsleute* (1793) und *Jean-Claude Têtu, Bürgermeister von Montagnol, an seine lieben Mitbürger im Departement Montblanc* (1795); 1797 folgten die grundlegenden *Betrachtungen über Frankreich*, die sein antirevolutionäres Denken im wesentlichen zusammenfassen.

Maistre befand sich in Turin, als die Franzosen 1797 die Stadt einnahmen. Als savoyischer Emigrant mußte er abermals fliehen und lebte im österreichischen Venedig in größter Not. Schließlich wurde er nach Sardinien berufen — die Insel hatte weder vor der Revolution noch vor Bonaparte kapituliert — und später als Gesandter nach St. Petersburg geschickt. In Rußland, wo bereits sein Bruder Xavier lebte, schuf er sich einen weiten Freundeskreis, in dem er sogar glühende Anhänger fand; der Zar selbst stand ihm nahe. Maistre war unermüdlich tätig; neben seinen verschiedenen politischen Aufgaben schrieb er zahlreiche Werke, deren berühmteste *Über den Papst* und *Die Abende von St. Petersburg* sind. Unerschütterlich in seinen Ansichten, war er überzeugt, daß der „Daemonium meridianum“, wie er Napoleon nannte, unaufhaltsam seinem Untergang entgegengehe und die Monarchie restauriert werden würde. Die Geschichte sollte ihm recht geben.

1817, nach fünfundzwanzig Jahren, kehrte er in seine savoyische Heimat zurück, so arm wie er sie verlassen hatte. Als Vorsteher der Großkanzlei mit dem Titel eines Staatsministers nutzte er seine Mußestunden, um die aus Rußland mitgebrachten Manuskripte zu überarbeiten und teilweise zu veröffentlichen.

Der Tod eines seiner Brüder bekümmerte ihn so sehr, daß er darüber krank wurde und am 26. Februar 1821 starb.

Eines seiner letzten Worte an die königlichen Minister war: „Meine Herren, die Erde bebt, und Sie wollen bauen!"

*

In vielen Ländern Europas begeisterte man sich in der zweiten Hälfte des 18. Jahrhunderts für die Freimaurerei. Zur Mode wurde sie besonders in Frankreich, wo die Logen in geradezu anarchischer Weise wucherten. Neben den beiden Hauptrichtungen, der Großloge, die man als orthodox bezeichnen könnte, und dem Großorient, der weniger strenge Beschränkungen in Aufnahme und Lehre praktizierte, gab es die verschiedensten Obedienzen, darunter zahlreiche „mystische", die sich für unabhängig erklärten. Der Vielheit der Logen entsprach die Vielheit der Lehren oder „Systeme".

Gewiß gab es rationalistische Logen, vor allem aber „spielerische", die sich an Mysterien und dem Schauspiel komplizierter Rituale berauschten, ferner die „mystischen", die zu den wahren Ursprüngen des Glaubens zurückzukehren vorgaben. Im Gegensatz zu landläufigen Vorstellungen war die Freimaurerei des 18. Jahrhunderts keineswegs eine Hochburg des Rationalismus. „Weit davon entfernt, religionsfeindlich zu sein", schreibt R. Priouret, „ist die Freimaurerei des 18. Jahrhunderts kryptoreligiös. Weit entfernt vom klassischen Rationalismus, kündigt sie die Romantik an, dessen berauschende Verneinung." Es ist also nicht verwunderlich, wenn sich die Logen der Rosenkreuzer, der Philalethen, der Strikten Observanz etc. entfalteten, wobei der Schottische Ritus mit seinem verwickelten Hochgradsystem eine wichtige Rolle spielte. Sie stellten auch keineswegs — wie oft behauptet — einen Schmelztiegel des Egalitarismus dar, denn für Adlige, Offiziere, Unteroffiziere, Kaufleute oder Intellektuelle waren jeweils eigene Vereinigungen vorgesehen.

Diese freimaurerische Welle erfaßte natürlich auch das Herzogtum Savoyen, wo 1744 in Annecy eine erste Loge gegründet worden war. Im Jahre 1790, zum Zeitpunkt ihrer Auflösung, bestanden in Savoyen im ganzen 17 Logen vier verschiedener Obedienzen, denen Adlige angehörten, aber auch das „gehobene Bürgertum", wie man heute sagen würde.

Joseph de Maistres Kindheit und Jugend liegen weitgehend im Dunkel, so daß sein Weg in die Freimaurerei nicht leicht nachzuzeichnen ist. Zweifellos war die Kindheit von Frömmigkeit geprägt (wenn vielleicht auch weniger als behauptet worden ist), dann folgte vermutlich eine Glaubenskrise im Jünglingsalter, einige Zeit bei einer Bußbrüderschaft und schließlich — seine voltairianische Krise hatte er bereits 1772 als „Jugendtorheit" abgetan — die Einweihung in die Freimaurerei.

Für Maistre gab es viele Wohnungen im Hause Gottes, und nichts stand dagegen, auch anderswo zu suchen, insbesondere, wenn dieses Anderswo die Königliche Kunst war, der geometrische Ort, wo Vernunft und Glaube zusammentrafen (so dachte er zumindest anfangs). Der 1772—1773 eingeweihte Maistre dürfte kaum das Gefühl gehabt haben, mit dem Betreten des Tempels den Rubikon zu überschreiten. In Savoyen war die Freimaurerei wenn nicht institutionalisiert, so zumindest salonfähig, und er befand sich im Kreise von seinesgleichen. Übrigens arbeitete Maistre zunächst in der höchst biederen Loge der *Trois Mortiers*, die 1749 gegründet worden war und der Großloge von England unterstand. Sie war nicht nur die älteste in Chambéry, sondern auch die achtbarste und sicherlich die harmloseste. „Es handelte sich um eine reine Vergnügungsgesellschaft", stellte er später fest, „von der die Regierung nichts zu befürchten hatte. Am Anfang vereinigte sie alles, was es in Chambéry am vornehmsten gab. Dann verfiel sie, wie das bei allen menschlichen Einrichtungen der Fall ist."

Maistre machte eine rasche freimaurerische Karriere und war bald Großredner. Die oberflächliche Arbeit der Loge sagte ihm jedoch nicht zu, und im September 1778 wechselte er zur schottischen Loge *La Sincérité* über, die dem Schottischen Direktorium der zweiten Provinz Auvergne (Sitz: Lyon) angeschlossen war. Die schottische Reform, ein Schisma in der englischen Maurerei, hatte zum Ziel, die zur Erschlaffung neigende Freimaurerei zu vergeistigen. Außerdem verfügte sie über ein ausgefeiltes Hochgradsystem und behauptete, sich vom Templerorden herzuleiten. Nach Deutschland verpflanzt, nahm dieser Ritus schnell mystische, okkulte und alchimistische Züge an. Darüberhinaus anerkannte er die Existenz *unbekannter Oberer,* hinter denen man die vom englischen Thron vertriebenen Stuarts vermutete. 1763 gestaltete ihn Baron von Hund zur *Strikten Observanz.*

Diesem Ritus war die Loge *La Sincérité* in Chambéry verpflichtet. Allerdings orientierten sich die savoyischen Brüder nicht an Deutschland, sondern an Lyon, das der Kaufmann J. B. Willermoz (1730—1824) zum französischen Zentrum des schottischen Systems und der Theurgie des Martinez de Pasqually gemacht hatte. Im Herbst 1778, etwa zur Zeit, als sich Maistre der *Sincérité* anschloß, versammelten sich die französischen „Tempelritter" zum „Gallischen Konvent", aus dem der Rektifizierte Schottische Ritus hervorging, der rasch zahlreiche Adepten in Frankreich, Italien und der Schweiz finden sollte. Ungeachtet dieses Reformwerkes betrachteten die französischen Maurer weiterhin Ferdinand von Braunschweig *(Eques a Victoria),* das Oberhaupt der Strikten Observanz, als ihren Großmeister.

Zwei Jahre vor dem „Gallischen Konvent" war Maistre in Begleitung zweier Brüder nach Lyon gereist, um mit

Willermoz zusammenzutreffen. Hier wurde ihm der Grad eines Ritters der Wohltätigkeit (Chevalier bienfaisant de la Cité Sainte) und der Ordensname *a Floribus* verliehen. Wenig später bestimmte Willermoz sieben vertrauenswürdige Brüder aus Chambéry für die Einführung der Reform im Herzogtum, darunter vier „höchst vertrauenswürdige“, die Großprofessen, zu denen Maistre zählte. Ob er den obersten Grad eines „Elu Cohen“ erreichte, steht im übrigen nicht fest.

Maistre war indes keineswegs ein gehorsamer Schüler Willermoz'. Der neue Großprofeß verlangte zu erfahren, worauf sich seine *Instruktionen* gründeten. Seine Fragen wurden immer drängender, Willermoz dagegen hielt ihm seinen Rationalismus vor: anstatt übereilte Fragen zu stellen, würde er besser daran tun, „sich hinzugeben“, „in das System hineinzugleiten“. Kurz, er setzte der Vernunft den Fideismus entgegen.

*

All das bedeutet aber nicht, daß sich Maistre vom Rektifizierten Ritus entfernte, ganz im Gegenteil, wie die vorliegende *Denkschrift* an den Herzog von Braunschweig beweist.

Auf Veranlassung des Großmeisters der Strikten Observanz, des Herzogs Ferdinand von Braunschweig-Lüneburg (1721—1792), wurde 1782 ein Freimaurerkonvent nach Wilhelmsbad (bei Kassel) einberufen, um „Ordnung und Weisheit in die maurerische Anarchie zu tragen“, deren der Schottische Ritus auch dringend bedurfte. Einerseits hatten Nachforschungen soeben an den Tag gebracht, daß die Stuarts entgegen der Behauptung Hunds niemals die „unbekannten Oberen“ des Ordens gewesen waren, andererseits hatte ein Bruder namens Starck in einer „Verräterschrift“ die Organisation der Strikten Observanz, das System ihrer Grade, die Namen ihrer wichtigsten Oberen etc. preisgegeben. Schnelles Handeln war daher geboten, um Einigkeit über die Lehre zu erzielen und feste Grundlagen zu schaffen. Hierzu übersandte der Herzog im September 1780 allen Logen folgenden Fragebogen:

1. *Leitete sich der Orden aus einer alten Vereinigung her und aus welcher?*
2. *Gab es wirklich „unbekannte Obere“, und wer waren sie?*
3. *Was war der wahre Zweck des Ordens?*
4. *War dieser Zweck die Wiederherstellung des Templerordens?*
5. *Wie sollten Zeremoniell und Riten gestaltet werden, um so vollkommen wie möglich zu sein?*
6. *Sollte sich der Orden mit Geheimwissenschaften befassen?*

Die Logen antworteten gesamtheitlich auf diese Fragen, auch die Maistres, der darüber hinaus in seiner *Denkschrift* noch seine persönliche Meinung vortrug, was ihm größte Freiheit in der Behandlung der Themen erlaubte.

Der Konvent, zu dem alle Logen des Schottischen Ritus geladen waren, fand in Wilhelmsbad von Mitte Juli bis Mitte September in 36 Sitzungen statt. Mehr als dreißig Delegierte, die meist der hermetischen Richtung angehörten, nahmen daran teil. Im großen und ganzen zeichnete sich eine deutliche Abgrenzung zwischen den Maurern rationalistischer Tendenz wie Bode, dem Freund Lessings, und den „Mystikern“ ab. Letztere setzten sich durch, so daß die Ideen Willermoz’ und des Theosophen Haugwitz anerkannt wurden, die der Herzog im übrigen selbst teilte. Dagegen wurde die Theorie einer Abstammung von den Tempelrittern als historisch nicht haltbar verworfen.

Maistres *Denkschrift* hatte wahrscheinlich überhaupt keinen Einfluß auf die Beratungen. Der einen Monat vor Beginn des Konvents vollendete Text wurde Gaspard de Savaron *(a Solibus)* übersandt, einem engen Mitarbeiter Willermoz' und Präfekten des „Collège Métropolitain des Grands Profès", der nach Wilhelmsbad reisen sollte. Am 24. Juni bestätigte er den Empfang und dankte dem Verfasser für die „interessante Schrift", wies jedoch darauf hin, daß der sehr beschäftigte Adressat — der Herzog — möglicherweise keine Zeit haben würde, sie zu lesen. Der Text geriet denn auch in Vergessenheit, bis ihn Emile Dermenghem ausgrub und 1925 mit einem Vorwort in Paris veröffentlichte.

*

Die *Denkschrift*, Maistres erstes wichtiges Werk, ist seit ihrem Erscheinen aus verschiedenen Blickwinkeln betrachtet worden, etwa von R. Guénon, E. Dermenghem oder J. Brengues, um nur einige zu nennen. Die unterschiedlichen Interpretationen, zu denen sie gelangten, erklären sich durch die Zweideutigkeit oder genauer, die Doppelgesichtigkeit des Maistreschen Denkens. Einerseits finden wir darin den Rationalisten, der phantastische Ursprünge, ob Tempelherren oder andere, zurückweist und die Theorie von den „unbekannten Oberen" ablehnt. Und sein Wunsch, Politik und Religion in die Loge einzubringen, entspricht den Bestrebungen der „fortschrittlichsten" Freimaurerei des ausgehenden 19. Jahrhunderts. Maistres Leitprinzipien sind hier im Grunde Klarheit, Rationalität, sogar Liberalismus — mit einer Spur Skepsis.

Unabhängig von dieser rationalistischen Sicht der Grundlagen der Freimaurerei führt ihn jedoch sein Verlangen nach einer über jeden Zweifel erhabenen Verankerung dazu, ein *religiöses* und *christliches* Wesen der Freimaurerei zu postulieren. „Mögen wieder andere (...) uns mitteilen, was ihnen eingegeben wurde von jenem Geist, der weht, wo er will, wie er will und wann er will", schreibt er zu den Arbeiten im dritten Grad. „Nach der Lektüre dieser Zeilen läßt sich schwerlich behaupten, er habe nicht die Seele eines Mystikers gehabt", bemerkt Dermenghem. „Aus der Vernunft ins Obskure", könnte man in Anlehnung an einen berühmten Buchtitel sagen: bei Maistre mündet das Vernunftargument in das Mysterium des Glaubens, und M. Goyau meint zu Recht von der *Denkschrift,* sie biete uns „das Bild eines abenteuerlichen Geistes im Dienste eines katholischen Bewußtseins".

*

Die „offizielle" freimaurerische Laufbahn Maistres endete 1789, doch bis dahin war er aktives Mitglied der Loge *Sincérité,* liebäugelte sogar mit den Philalethen und besuchte Saint-Martin, den „unbekannten Philosophen".

Die weiteren Beziehungen Maistres zur Freimaurerei lassen sich nicht deutlich bestimmen, es scheint jedoch, daß er nach der Suspendierung der Arbeiten seiner Loge auf königlichen Befehl weiterhin tätig war, zumindest bis 1791. Später, zunächst in Turin, dann im Lausanner Exil, pflegte er Umgang mit den dortigen Brüdern, ließ sich über ihre Tätigkeit unterrichten und interessierte sich nach wie vor für den Illuminismus.

Am 30. April 1793 übersandte Maistre aus Lausanne dem Baron Vignet des Etoles ein „Memorandum", das offensichtlich aus opportunistischen Erwägungen verfaßt worden war. Vignet des Etoles, Botschafter des Königs von Sardinien in der Schweiz, hatte seinen Freund Maistre informiert, daß man ihm bei Hofe wegen seiner

Zugehörigkeit zur Freimaurerei mißtraute und ihn verdächtigte, im Namen der „maurerischen Verschwörung" zur Loslösung Savoyens vom Königreich beigetragen zu haben. Man erblickte also in Maistre gemäß der damals aufkommenden Behauptung (die sich bis in unsere Tage großer Beliebtheit erfreute) einen jener Freimaurer, die sich die Zerstörung von Thron und Altar zum Ziel gesetzt hätten. Er beeilte sich denn, in seiner in distanziert-objektivem Ton gehaltenen Verteidigung zu versichern, daß sich die Freimaurerei stets von der Politik ferngehalten habe. Wenn gewisse Mitglieder des Großorients — und nur des Großorients — Revolutionäre seien, so habe dies mit ihrer „Ideologie", nicht aber mit der Freimaurerei zu tun. Da es ihm nicht gelungen war, höheren Orts zu überzeugen, versuchte er es Ende 1793 mit einer Bagatellisierung der Freimaurerei, dieser „allgemeinen Kinderei diesseits der Alpen". Eine eher einschränkende Verurteilung, wie man sieht, denn von Kinderei ist nur *diesseits* der Alpen die Rede. Wie hätte es auch anders sein können? Gegen die Anhänger der Königlichen Kunst konnte der Freimaurer Maistre höchstens ein Lippenbekenntnis ablegen, und auch das nur, weil er sich durch schwere Zeiten dazu gezwungen sah. Daß seine Treue zur Institution keineswegs gelitten hatte, beweist die Tatsache, daß er in St. Petersburg von 1803 bis 1811 regelmäßig die spiritualistische Loge des schwedischen Botschafters von Stedingk besuchte.

Denn Maistres Geist ist so beschaffen, daß „sein Heil in der Diagonale liegt". Der Katholik kann auf den freimaurerischen Illuminismus nicht verzichten, dieser wiederum soll seinen Katholizismus bestärken. So gesehen ist er sein Leben lang den Grundsätzen treu geblieben, die er in seinem ersten bedeutenden Werk vertrat, in der *Denkschrift an den Herzog von Braunschweig.*

BIBLIOGRAPHIE

P. Bernard, *Les commencements de la franc-maçonnerie en Savoie,* Chambéry, 1942.

A. De Angelis, „Il pensiero religioso di Giuseppe de Maistre e la Massoneria“, in *La Cultura nel Mondo,* Roma, XXX, 1976.

E. Dermenghem, *Joseph de Maistre mystique,* Paris, 1923.

G. Goyau, *La pensée religieuse de Joseph de Maistre,* Paris, 1921.

C. Lataille, *Joseph de Maistre et la Papauté,* Paris, 1906.

R. Le Forestier, *La franc-maçonnerie templière et occultiste au XVIIIe et XIXe siècle,* Paris, 1970.

Illuminisme et Franc-Maçonnerie. Revue des Etudes maistriennes. Actes du colloque de Chambéry, 4—5 mai 1979, 5—6, Paris, 1980.

Joseph de Maistre tra illuminismo et restaurazione. Atti del convegno internazionale di Torino, 7—8 giugno 1974, Centro Studi Piemontesi, Torino, 1975.

J. Rebotton, „Nouveaux aperçus sur l'éducation et l'attitude religieuse du jeune Maistre“, in *Revue des Etudes maistriennes,* 3, 1977.

R. Triomphe, *Joseph de Maistre. Etude sur la vie et sur la doctrine d'un matérialiste mystique,* Genève, 1968.

F. Vermale, *La franc-maçonnerie savoisienne à l'époque révolutionnaire d'après ses registres secrets,* Paris, 1912.

F. Vermale, *Notes sur Joseph de Maistre inconnu,* Chambéry, 1921.

P. Vulliaud, *Joseph de Maistre franc-maçon,* Paris, 1926.